Beiträge zur Kenntnis südasiatischer Sprachen und Literaturen

23

Herausgegeben von Dieter B. Kapp

2013
Harrassowitz Verlag · Wiesbaden

Klaus Mylius

Zur Didaktik mittelindischer Sprachen

2013
Harrassowitz Verlag · Wiesbaden

Bibliografische Information der Deutschen Nationalbibliothek
Die Deutsche Nationalbibließlich verzeichnet diese Publikation in der Deutschen Nationalbibliografie; detaillierte bibliografische Daten sind im Internet über http://dnb.dnb.de abrufbar.

Bibliographic information published by the Deutsche Nationalbibliothek
The Deutsche Nationalbibliothek lists this publication in the Deutsche Nationalbibliografie; detailed bibliographic data are available in the internet at http://dnb.dnb.de

Informationen zum Verlagsprogramm finden Sie unter
http://www.harrassowitz-verlag.de

Druck und Verarbeitung: BoD, Hamburg
Printed in Germany

ISSN 0948-2806
ISBN 978-3-447-06971-7

Otto Harrassowitz GmbH & Co. KG
Kreuzberger Ring 7c-d, D-65205 Wiesbaden,
produktsicherheit.verlag@harrassowitz.de

Inhalt

Vorwort des Herausgebers ... 3
Vorbemerkungen des Autors ... 5

I. Pāli ... 7
1. Einführung ... 7
2. Lautlehre ... 8
3. Deklination ... 9
3.1. Nomina ... 10
3.2. Pronomina ... 12
4. Konjugation ... 14
4.1. Thematische Konjugation ... 15
4.2. Athematische Konjugation ... 15
5. Texte ... 19
5.1. Saraṇagamana ... 19
5.2. Dhammacakkappavattanasutta ... 20
5.3. Mahādeva-Jātaka ... 22
5.4. Milindapañhā ... 24

II. Ardhamāgadhī ... 30
1. Einführung ... 30
2. Lautlehre ... 31
2.1.Tabellen der Lautumwandlungen ... 33
3. Deklination ... 36
3.1. Nomina ... 36
3.2. Pronomina ... 41
4. Konjugation ... 43
5. Texte ... 50
5.1. दशवैकालिकसूत्रम् ... 50
5.2. Iṭṭhīpariṇṇā ... 53
5.3. दसवेयालियसुत्त : छज्जीवणिया ... 57

III. Śaurasenī ... 66
1. Einführung ... 66
2. Lautlehre ... 66
3. Deklination ... 68
3.1. Nomina ... 69
3.2.Pronomina ... 72

4. Konjugation 73
5. Text 74
5.1. Kālidāsa: Śakuntalā 75

IV. Māhārāṣṭrī 80
1. Einführung 80
2. Lautlehre 81
3. Deklination 84
3.1. Nomina 84
3.2. Pronomina 87
3.3. Postpositionen 88
3.4. Adverbien 88
3.5. Wortstellung 88
4. Konjugation 88
5. Text: Maṇḍia 92

Zitierte Literatur 99

Vorwort des Herausgebers

Mit Ausnahme des Pāli erfuhren mittelindische Sprachen im Rahmen der im Fachbereich Indologie vertretenen Lehre stets eine eher stiefmütterliche Behandlung, nicht zuletzt wegen der ihnen eigenen phonologischen und morphologischen Schwierigkeiten. So war es auch nicht weiter verwunderlich, dass bis heute kein gediegenes Handbuch verfügbar war, das es dem Lehrenden erlaubt hätte, den Studierenden die an Bedeutung wichtigeren mittelindischen Sprachen – Pāli, Ardha-Māgadhī, Māhārāṣṭrī und Śaurasenī – mit Augenmerk und Konzentration auf das Wesentliche zu vermitteln.

Als mich daher mein hochgeschätzter Freund und Kollege Prof. Dr. Dr. Klaus Mylius während eines mit ihm geführten fachlichen Gesprächs davon in Kenntnis setzte, dass ihm entsprechende Materialien zur Didaktik der genannten mittelindischen Sprachen vorliegen, die er im Verlauf seiner vierzigjährigen Lehrtätigkeit erarbeitet hatte, schlug ich ihm vor, diese Unterlagen zusammenzustellen und für eine Publikation vorzubereiten.

Es ist mir eine besondere Freude, das Ergebnis seiner in diesem Band dargebotenen Bemühungen, bislang ein Desiderandum, einem interessierten Fachpublikum vorlegen zu können.

Universität zu Köln
Institut für Indologie und Tamil-Studien
Frühjahr 2013

Dieter B. Kapp

Vorbemerkungen des Autors

Wissenschaftliche Arbeit muss – will sie nicht nur in der Gegenwart, sondern auch in der Zukunft Bestand haben – eine Einheit von Forschung und Lehre darstellen. Es genügt nicht, Wissen zu erwerben und es in der eigenen Forschung einzusetzen. Man muss vielmehr willens und in der Lage sein, es qualifiziert an die folgende Generation weiterzugeben. Ohne diese Weitergabe würde man wie ein *paccekabuddha* handeln. Doch übt in Publikationen und auf Symposien die Forschung die absolute Dominanz aus. Über die Lehre wird kaum jemals berichtet. Es steht aber außer Frage, dass die Forschungsergebnisse der kommenden Generationen in erster Linie davon abhängen werden, auf welchem Niveau die Angehörigen dieser Generationen ausgebildet wurden. Diesen dialektischen Zusammenhang darf man nicht ignorieren.

Der Verf. trägt hier einige Erfahrungen vor, die er im Lauf von vier Jahrzehnten bei der Ausbildung mehrerer Generationen von Studierenden gewonnen hat, unter anderem an der Karl-Marx-Universität Leipzig, der Martin-Luther-Universität Halle-Wittenberg, der Universität Bayreuth und insbesondere an der Goethe-Universität Frankfurt am Main.

Auf dem Gebiet der Indologie sind die mittelindischen Sprachen in vielfacher Hinsicht, nicht zuletzt in Bezug auf die Didaktik, sehr vernachlässigt worden. Zwecklos ist es, die Studierenden auf das gesamte in Lehrbüchern und Grammatiken präsentierte Material zu orientieren. Ein qualifizierter Unterricht darf die Lernenden nicht durch eine Überfülle von Formen und Regeln verwirren, sondern muss ihnen zeigen, was tatsächlich unentbehrlich ist und was (wenigstens einstweilen) übergangen werden kann. Die Trennung von Wichtigem und Unwichtigem ist ein grundlegendes Prinzip der Didaktik gerade der mittelindischen Sprachen wie auch des Sanskrit.

Das hier vorgelegte Werk versteht sich nicht als Lehrbuch, sondern als didaktische Hilfe für die Vermittlung des Lehrstoffs. Auf folgende Fragen soll eine Antwort gegeben werden:

Was ist jeweils unbedingt erforderlich?

Was kann weggelassen werden?

Welche Ziele, d. h. welche Qualifikationsstufen sollen die Lehrveranstaltungen anstreben?

Bekanntlich gibt es hervorragende Grammatiken, die von profunder Gelehrsamkeit zeugen, die aber geradezu antididaktisch angelegt sind. Grundlegend für die mittelindischen Sprachen ist etwa das Standardwerk von Richard Pischel: *Grammatik der Prakrit-Sprachen* (Strassburg 1900; Nachdruck: Hildesheim, New York 1973). Doch wäre es ein vergebliches Bemühen, auf der Basis dieses großartigen Werkes auch nur eine einzige Prākr̥t-Sprache erlernen zu wollen. Ähnlich verhält es sich mit dem *Handbuch der Sanskritsprache* von Theodor Benfey (Leipzig 1852). Obwohl Benfey auf dem Titelblatt vermerkt „Zum Gebrauch für Vorlesungen und zum Selbststudium“, ist das bahnbrechende Werk weder für das eine noch für das andere geeignet.

In der hier vorgelegten Arbeit werden nicht alle mittelindischen Sprachen behandelt, sondern vorzugsweise diejenigen, die eine besondere religionswissenschaftliche oder literaturgeschichtliche Bedeutung haben, nämlich das Pāli, die Ardhamāgadhī, die Śaurasenī und die Māhārāṣṭrī.

Eine absolut unabdingbare Voraussetzung für das Studium mittelindischer Sprachen sind Grundkenntnisse in Sanskrit. Dabei mag strittig sein, was unter Grundkenntnissen zu verstehen ist. Nach den Erfahrungen des Verf. sollte hierzu das Material zählen, das in Georg Bühlers *Leitfaden für den Elementarcursus des Sanskrit* (3. Aufl., Darmstadt 1968), in den Lektionen I bis XXIV (einschließlich) enthalten ist.

Auch wenn viele mittelindische Texte in transliterierter Form oder in Landesschriften vorliegen, muss die Beherrschung der Devanāgarī-Schrift vorausgesetzt werden.

Der Verf. dankt seinem hochgeschätzten Freund und Kollegen, Herrn Prof. Dr. Dieter B. Kapp, nicht nur für die Aufnahme dieses Buches in die von ihm herausgegebene Reihe „Beiträge zur Kenntnis südasiatischer Sprachen und Literaturen“, sondern auch für die Digitalisierung des Textes, ohne welche das Buch nicht hätte erscheinen können. Ein Wort des Dankes gebührt auch dem Harrassowitz Verlag, dessen Leiterin, Frau Dr. Barbara Krauß, auch diesmal die verlegerische Betreuung der hier vorgelegten Publikation in optimaler Weise besorgt hat.

Goethe-Universität Frankfurt am Main
Institut für Vergleichende Sprachwissenschaft
Frühjahr 2013

Klaus Mylius

I. Pāli

Zu Beginn sollte den Studierenden Mut gemacht werden, indem man ihnen erklärt, dass, wer das Sanskrit beherrscht, keine Mühe haben wird, Pāli zu erlernen, da die beiden Sprachen nicht weiter voneinander entfernt sind als etwa Deutsch und Niederländisch. Gegenüber dem Sanskrit ist vieles im Pāli weniger schwierig.

1. Einführung

Es ist zunächst die linguistische Position des Pāli festzustellen. Pāli ist eine mittelindoarische Sprache und gehört neben der Sprache der Aśoka-Inschriften zu den Alt-Prākr̥ts. Diese sind (abgeleitet von *prakr̥ti*) die natürlichen, d. h. die Volkssprachen. Pāli ist die Sprache des *Theravāda*-Kanons; besonders alt sind die *gāthās* in den *Jātakas*. Etwas jünger sind die Prākr̥t-Sprachen im engeren Sinne: Ardhamāgadhī, Māhārāṣṭrī, Śaurasenī, Māgadhī und Paiśācī. Als Jung-Prākr̥t ist der Apabhraṁśa (10.-12. Jh.) anzusehen, der aber nicht mehr in den Bereich dieser Betrachtungen fällt.

Eine andere Einteilung der Prākr̥t-Sprachen ist die nach der (vermuteten) geographischen Zuordnung. Östliches Prākr̥t sind Ardhamāgadhī und Māgadhī, südliches: Māhārāṣṭrī, zentrales: Śaurasenī, nordwestliches: Paiśācī. Pāli ist eine Kunst- bzw. Mischsprache unter besonderem Einfluss der Māgadhī; es war nicht die Sprache, in der Buddha gepredigt hat, aber wohl die *lingua franca* der buddhistischen Mönche. Pāli hat daher eine enorme Bedeutung für die Religionswissenschaft, besonders für die Buddhologie. Erst durch die Kenntnis des Pāli wird es möglich, zu den sprachlichen Originalquellen des Buddhismus vorzudringen. Wenn der Zeitfonds es gestattet, sollte auf den Begriff *Tipiṭaka* eingegangen werden. Als Hausaufgabe sollten sich die Studierenden über die Literatur des Pāli anhand der *Geschichte der altindischen Literatur* des Verf. (Wiesbaden, 2. Aufl. 2003, S. 263-305) informieren. Sie werden daraus ersehen, dass Pāli auch die Sprache nachkanonischer Texte ist, so der *Milindapañhā*, des *Visuddhimagga* und des *Dīpavaṁsa*. Das Wort Pāli bedeutet etwa „Reihe, Ordnung", nämlich der kanonischen Texte.

Für den Pāli-Unterricht kann im deutschsprachigen Raum auf recht brauchbare Hilfsmittel zurückgegriffen werden. Immer noch grundlegend ist das Kompendium von Wilhelm Geiger: *Pali, Literatur und Sprache = Grundriss der Indo-Arischen Philologie und Altertumskunde* I, 7 (Straßburg 1916, Neudruck 1977). Sehr ausführlich ist die *Grammatik des Pāli* von Achim Fahs (Leipzig 1985, 2. Aufl. 1989). Eine gute Übersicht und leichte Textübungen bietet das *Handbuch des Pāli. Mit Texten und Glossar* (2 Bände, Heidelberg 1951) von Manfred Mayrhofer. Aber die gesamte Grammatik von Mayrhofer durchzuarbeiten, würde so viel Zeit erfordern, wie sie im Unterricht niemals zur Verfügung stehen kann. Daher gilt auch hier die Beschränkung auf das wirklich Notwendige.

Sehr gut geeignet ist – wenngleich nicht deutschsprachig – *A Pali Reader* von Dines Andersen (2 Bände, Kopenhagen 1901, Neudrucke Kyoto 1968 und New Delhi 1979). Ein *Wörterbuch Pāli-Deutsch* wurde vom Verf. erarbeitet (Wichtrach, Schweiz, 1997). Ebenfalls vom Verf. erarbeitet wurde ein *Wörterbuch Deutsch-Pāli* (Wiesbaden 2008).

2. Lautlehre

Die Grammatik beginnt, wie üblich, mit dem Lautbestand. Das Alphabet ist gegenüber dem Sanskrit deutlich vereinfacht. Es fehlen die Diphthonge *ai* und *au*, das silbische *r̥*, das palatale *ś*, das retroflexe *ṣ*, und – was die Studierenden besonders entlasten wird – der Visarga, der im Sanskrit in Verbindung mit den Sandhi-Gesetzen so große Schwierigkeiten bereitet.

Im Anlaut sind Konsonantenverbindungen nicht gestattet; sie werden entweder durch eine Elision oder durch Svarabhakti mit *a*, *i* oder *u* aufgehoben. Im Auslaut darf nur ein Vokal oder der Anusvāra *ṁ* stehen; *e* und *o* – im Sanskrit lang – sind in geschlossenen Silben kurz.

Von großer Bedeutung ist das sogenannte Zwei-Moren-Gesetz. Die Dauer eines kurzen Vokals oder eines Konsonanten + Kurzvokal heißt More: *ka* ist also eine More; *ak* dagegen sind zwei Moren. Keine Silbe kann mehr als zwei Moren haben; sie muss also wie folgt beschaffen sein:

(a) offen: *a*
(b) Konsonant mit Kurzvokal: *ka*
(c) offen mit Langvokal: *ā*, *kā*
(d) geschlossen mit Kurzvokal: *ak*, *aṁ*.

Allerdings hat auch diese Regel ihre Ausnahmen.

Bei den nachstehenden und anderen Beispielen sollte nach der heuristischen Methode verfahren werden, d. h. man soll die Studierenden zu selbstständigem Nachdenken motivieren:

jīrṇa > *jiṇṇa*, *māṁsa* > *maṁsa*, *nadīm* > *nadiṁ*, *dīrgha* > *dīgha*.

r̥ kann zu *a*, *i* oder *u* werden: *vr̥ka* „Wolf“ > *vaka*; *r̥kṣa* „Bär“ > *ikka*; *r̥ju* „gerade“ > *ujju*; *mr̥ga* > *maga* „Tier“ oder *miga* „Gazelle“.

Sehr häufig ist Assimilation zweier Konsonanten. Sie kann regressiv sein; bei zwei Mutae assimiliert sich der erste Laut dem zweiten, also *rakta* > *ratta* (aus den romanischen Sprachen ließe sich hier das Beispiel *fructus* > *frutto* anführen).

Zischlaut + Muta führt zur Aspiration: *s* + *t* > *tth*.

Beispiele für progressive Assimilation bei Muta + Liquida sind: *takra* > *takka*, *sūtra* > *sutta*, *śakya* > *sakka*.

Ein Dental + *y* führt zur Palatalisierung: *satya* > *sacca*.

Die häufige Ligatur *kṣ* wird zu *cch* oder meist zu *kkh*: *bhikṣu* > *bhikkhu*.

ai wird zu *e* und *au* zu *o*: *rātrau* > *ratto*.

Intervokalisch auftretende Konsonanten werden nicht elidiert; hier ist also das Pāli viel weniger schwierig als – wie man noch sehen wird – die Ardhamāgadhī, die Māhārāṣṭrī und die Śaurasenī.

Aspirata behalten nur das *h*: *rudhira* > *ruhira*, *laghu* > *lahu*. Dieser Vorgang ist also dem Analogon im Awesta genau entgegengesetzt.

Die Endung des Instr. Plural *-bhis* wird zu *-hi*.

ṣṇ > *ṇh*: *kr̥ṣṇa* > *kaṇha*.

Saṁprasāraṇa gilt fort und wird noch erweitert.

aya wird oft zu *e*, *apa* und *ava* > *o*.

Bei Partikeln fällt oft der Initiallaut aus: *iva*, *eva* > *va*, *api* > *pi*, *iti* > *ti*.

3. Deklination

Nach der Darlegung der wichtigsten Aspekte der Lautlehre kann zur Flexion übergegangen werden. Die Frage, ob man mit der Deklination oder der Konjugation beginnen soll, möchte der Verf. dahingehend beantworten, dass man sich zunächst der Deklination widmen sollte. Hier kann man die Gelegenheit nutzen, die Studierenden erneut zu ermutigen und zu motivieren, indem man sie darauf hinweist, dass sie hier viel geringere Schwierigkeiten zu erwarten haben, als sie das Sanskrit beinhaltet. So fällt der Dual vollkommen weg, so dass es nur noch zwei Numeri gibt. Bis auf einige wenige Reste verschwindet die konsonantische Deklination, die im Sanskrit so große Probleme mit sich bringt. Man kann die Studierenden fragen, ob sie sich noch an die Dreistufigkeit von *vidvas* erinnern – gelegentliche Rückblicke auf das Sanskrit sind durchaus angebracht und recht nützlich. Allerdings sind die im Pāli noch vorhandenen vokalischen Deklinationsmuster unverzichtbar. Die konsonantischen Stämme werden zu vokalischen umgebildet und als solche flektiert. Entweder wird der Endkonsonant getilgt, oder es erfolgt eine Ergänzung durch *-a*. Das Genus bleibt meist erhalten.

Hier soll nur auf die wichtigsten Deklinationstypen eingegangen werden. Die Endungen prägen sich die Studierenden am besten anhand der Textlektüre ein. Wie im Sanskrit beginnt man mit den Masculina auf *-a*. Der Dativ ist generell im Schwinden begriffen und geht im Genitiv auf.

Hier folgt eine Tabelle zur Deklination der Masculina auf *-a* (wie *dhamma*). Die Endungen sollten mit denen des Sanskrit verglichen werden. So ist z. B. beim *-o* im Nom. Singular an den Sanskrit-Sandhi bei *-aḥ* vor stimmhaften Konsonanten zu erinnern.

Die in der folgenden Tabelle enthaltenen Endungen müssen sich die Studierenden einprägen.

3.1. Nomina

Masculina auf *-a*

Singular		Plural	
Nom.	-o	Nom.	-ā
Akk.	-ṁ	Akk.	-e
Instr.	-ena, -ā	Instr.	-ehi
Dat.	-ssa, -āya	Dat.	-āṇaṁ
Gen.	-ssa	Gen.	-āṇaṁ
Abl.	-ā, -smā, -mha, -to	Abl.	-ehi
Lok.	-smiṁ, -mhi	Lok.	-esu
Vok.	-a	Vok.	-ā

Masculina auf *-i* und *-u*

Singular		Plural	
Nom.	-i	Nom.	-ayo, -ī
Akk.	-iṁ	Akk.	-ayo, -ī
Instr..	-nā	Instr.	-īhi
Dat.	-ssa, no	Dat.	-īnaṁ
Gen.	-ssa, no	Gen.	-īnaṁ
Abl.	-smā, -mhā, -nā	Abl.	-īhi
Lok.	-smiṁ, -mhi	Lok.	-īsu
Vok.	-i	Vok.	-ayo, -ī

Neutra haben im Nom. Singular *-aṁ*, im Nom. Plural *-āni* oder *-ā*.

Die Feminina auf *-ā* und *-i* sind, wie die folgenden Tabellen zeigen, wesentlich leichter zu deklinieren als im Sanskrit; man denke etwa an den sanskritischen Akk. Plural von *nadī*, nämlich *nadīḥ*, obwohl man nach dem Vorbild von *devān nadīn* erwartet.

Feminina auf *-ā*

Singular		Plural	
Nom.	-ā	Nom.	-ā, -āyo
Akk.	-aṁ	Akk.	-ā,-āyo
Instr.	-āya	Instr.	-āhi
Dat.	-āya	Dat.	-āṇaṁ
Gen.	-āya	Gen.	-āṇaṁ
Abl.	-āya	Abl.	-āhi
Lok.	-āya, -āyaṁ	Lok.	-āsu
Vok.	-e	Vok.	-ā, -āyo

Feminina auf *-ī*

Singular		Plural	
Nom.	-ī	Nom.	-iyo, -ī
Akk.	-iṁ	Akk.	-iyo, -ī
Instr..	-yā	Instr..	-īhi
Dat.	-yā	Dat.	-īnaṁ
Gen.	-yā	Gen.	-īnaṁ
Abl.	-yā	Abl.	-īhi
Lok.	-yā, yāṁ	Lok.	-īsu
Vok.	-i	Vok.	-iyo, -ī

Diphthongische Stämme werden in *-a*-Stämme verwandelt: *nau* > *nāvā*.

Die Nomina actoris auf *-r* haben eine Fülle von Endungen, die hier um der Vollständigkeit willen aufgeführt werden, die sich aber die Studierenden nicht einprägen müssen:

Nomina actoris auf *-r*

Singular		Plural	
Nom.	-ā	Nom.	-āro
Akk.	-āraṁ	Akk.	-āro
Instr.	-arā, -ārā, -unā	Instr.	-ūhi, -ārehi
Dat.	-u, -uno, -ussa	Dat.	-ūnaṁ, -ārānaṁ
Gen.	-u, -uno, -ussa	Gen.	-ūnaṁ, -ārānaṁ
Abl.	-arā, -ārā	Abl.	-ūhi, -ārehi
Lok.	-ari	Lok.	-ūsu, -āres

Gelegentlich, so bei *rājan* „König" und *attan* „Seele, Selbst", schimmert noch die alte konsonantische Deklination durch. Sie wird hier wiedergegeben, muss aber nicht unbedingt gelernt werden, da beide Nomina auch einfach nach *-a* dekliniert werden können.

(a) ***rājan***

Singular		Plural	
Nom.	rājā	Nom.	rājāno
Akk.	rājānaṁ	Akk.	rājāno
Instr.	raññā, rajñā	Instr.	rājūhi
Dat.	raññā	Dat.	raññaṁ, rājūnāṁ
Gen.	raññā	Gen.	raññaṁ, rājūnaṁ
Abl.	rañño, rājño	Abl.	
Lok.	rājini	Lok.	rājūsu

(b) ***attan***

Singular		Plural	
Nom.	attā	Nom.	attāno
Akk.	attānaṁ	Akk.	attāno
Instr.	attanā	Instr.	attehi, attanehi
Dat.	attanā	Dat.	attānaṁ
Gen.	attanā	Gen.	attānaṁ
Abl.	attano	Abl.	attehi, attanehi
Lok.	attani	Lok.	attanesu
Vok.	attā	Vok.	attāno

3.2. Pronomina

Die Pronomina personalia der 1., 2. und 3. Person im Singular und Plural, sowie das Pronomen demonstrativum und relativum findet man in der folgenden Tabelle. Es wäre unrealistisch, anzunehmen, dass die Studierenden alle hier vorkommenden Formen auswendig lernen. Unverzichtbar sind aber die Personalpronomina der 3. Person Singular masc., da diese in der Literatur sehr häufig vorkommen.

Pronomina personalia

1. Pers. Singular		1. Pers. Plural
Nom.	ahaṁ	mayaṁ (amhe)
Akk.	maṁ	amhe, asme
Instr.	mayā, me	amhehi, no
Dat./Gen.	mama, mayhaṁ	amhākaṁ, amhaṁ, no
Abl.	me	amhehi
Lok.	mayi	amhesu

2. Pers. Singular		2. Pers. Plural
Nom.	tvaṁ, taṁ, tuvaṁ	tumhe
Akk.	tvaṁ, taṁ, tuvaṁ	tumhe, tumhākaṁ
Instr.	tayā, tvayā, te	tumhehi, vo
Dat./Gen.	tava, tuyhaṁ, te	tumhākaṁ, tumhaṁ
Abl.	tayā, tvayā, te	tumhehi, vo
Lok.	tvayi, tayi	tumhesu

3. Pers. Singular masc.		3. Pers. Plural masc.
Nom.	so	te
Akk.	taṁ	te
Instr.	tena	tehi
Dat./Gen.	tassa	tesaṁ, tesānaṁ
Abl.	tamhā, tasmā	tehi
Lok.	tasmiṁ, tamhi	tesu

3. Pers. Singular fem.		3. Pers. Plural fem.
Nom.	sā	tā, tāyo
Akk.	taṁ	tā, tāyo
Instr.	tāya	tāhi
Dat./Gen.	tassā, tissā, ti	tāsāṁ, tāsānāṁ
Abl.	tāya	tāhi
Lok.	tassaṁ, tissa, tāyaṁ	tāsu

Pronomen demonstrativum et relativum masc.

Singular		Plural
Nom.	ayaṁ / yo	ime / ye
Akk.	imaṁ / yaṁ	ime / ye
Instr.	iminā / yena	imehi / yehi
Dat./Gen.	imassa (assa) / yassa	imesaṁ / yehi
Abl.	imasma (imaṁhā) / yasma, yaṁhā	esaṁ (esānaṁ) / yesaṁ
Lok.	imasmiṁ / yasmiṁ, yamhi	imesu (esu) / yesu

Das Pronomen possessivum für alle drei Personen ist sa < sva.
Wie das Pronomen relativum flektieren: sabba, vissa, para, itara, uttara, adhara, pubba, añña.

4. Konjugation

Der Vergleich des altindischen Verbsystems mit dem des Pāli zeigt die Verringerung der Tempora (Verlust des Imperfekts, des Perfekts und des Plusquamperfekts), der Modi (Verlust des Konjunktivs) und der Numeri (Verlust des Duals). Es erfolgt die Herausbildung eines allgemeinen Präteritums, des Aorists. Während die altindischen Verben in (meist einsilbigen) Wurzeln in Erscheinung treten, ist dieses „Wurzelgefühl" bereits im Pāli verloren gegangen. In Wörterbüchern erscheinen daher die Verben in der 3. Pers. Singular Präsens.

In der folgenden Auflistung findet der Lehrende alles, was hinsichtlich der Konjugation zu vermitteln ist. Es wird auch gezeigt, dass und inwieweit die altindischen Präsensklassen im Pāli durchschimmern. Besonderes Gewicht sollte gelegt werden:

a) auf die Indikativendungen des Präsens;
b) auf die Aoristformen;
c) auf die in der Literatur häufig vorkommenden Periphrastika;
d) auf die Tatsache, dass das Passiv *keine* medialen Endungen hat;
e) auf die Absolutiva.

Präsens Aktiv / Medium

Singular	Plural
1. Pers. -āmi / -e	-āma / -amhe
2. Pers. -asi / -ase	-atha / -avhe
3. Pers. -ati / -ate	-anti / -ante, (-are)

Imperativ Aktiv / Medium

Singular	Plural
1. Pers. -āmi / -e	-āma / -āmase
2. Pers. -a (-āhi) / -assu	-atha / -avho
3. Pers. -atu / -atām	-antu / -antaṁ

Optativ Aktiv / Medium

Singular
1. Pers. -eyyaṁ (-e, -eyyāmi) / -eyyaṁ
2. Pers. -e (-eyya, -eyyāsi) / -etho
3. Pers. -e (-eyya, -eyyāti) / -etha

Plural
1. Pers. -ema (-emu, -eyyāma) / -emasi (-eyyamhe)
2. Pers. -etha (-eyyātha) / -eyyavho
3. Pers. -eyyuṁ (-eyyu) / -eraṁ

4.1. Thematische Konjugation

Klasse I:
Bei Wurzeln auf *-i, -ī* kann *jeti* für *jayati* stehen.
bhū bildet den Imperativ *homi, hohi, hotu* etc.
sthā bildet die Stämme *tiṭṭha, ṭhā, ṭhāya, ṭhaha, ṭhe.*
yam bildet *yamati.*

Klasse VI:
kr̥ṣati > kasati;
spr̥śati > phusati.

Klasse IV:
Hierzu rechnen auch die Passiva.

Klasse X
-aya wird meist zu *-e*: *cintayati > cinteti.*
Hierzu zählen auch die Denominativa: *kathayati > katheti.*

4.2. Athematische Konjugation

Klasse II:

hanti „er schlägt“; *yāti* „er geht“; *seti < śete* „er liegt“.
Bei *as* sind die starken Stämme besonders im Vordringen:
Präs. Ind.: *asmi (amhi), asi, atthi*; *asmā (amhā, asmāse, amhāse), attha, santi (sante).*
Opt.: *assaṁ (siyaṁ), assa, assa (siyā); assāma, assatha, assu (asiyuṁ).*
brū hat *brūmi* statt *bravīmi.*

Klasse III:

jaha „verlassen“; *daha* von *dhā*; *juha* von *hu*; *jagga* oder *jāgara* von *gr̥* „wachen“.
dā bildet die Stämme *dadā, dada, de, dammi (< dadmi), dajja.*

Klasse V:

hi wird zu *hinā* „antreiben, werfen“; *śru* > *suno, suṇā*; *śak* > *sakko, sakkā*; *āp* + *pra* > *pappo*.

Klasse VII:

Hier wird der schwache Stamm in die *–a*-Konjugation überführt: *kantati, bhindati*.

Klasse VIII:
kr̥ bildet die Stämme *karo, kuvva, kara, kar* (nur Opt.), *kuru, kum*.

Klasse IX:

verallgemeinert die starke (*nā-*) Form: *jānāti, jānanti*; *bandh* bildet *bandhati* (Skt. *badhnāti*).

Futurum

Es wird aus *-sya* abgeleitet: *dassāmi*. Die 1. Pers. Plural hat *-ma* statt *-mas*. Bei *seṭ*-Wurzeln: *karissāmi*.

Konditional

Er ist formal ein Präteritum des Futurs; es werden die Sekundärendungen gebraucht: *abhavissaṁ*.

Präteritum

Im Präteritum steht ein Augment:
(a) bei einsilbigen Verbalformen;
(b) bei zweisilbigen Formen, die auf ein Imperfekt oder auf einen einfachen oder *a*-Aorist zurückgehen;
(c) arbiträr bei *iṣ*-Aoristen;
(d) bei dreisilbigen Formen, die auf alte Imperfekte und thematische Aoriste zurückgehen.
Je später die Sprachperiode, desto öfter fehlt das Augment.
Einteilung des Präteritums (Aorist):
1. Wurzelklasse (Skt. *dā*): *adaṁ, ado, adā*; *adamha, adattha, adū (adam)*.
2. Thematische Klasse (Skt. *gam*): *agamam, agamā, agamā*; *agamāma, agamattha, agamuṁ*;

3. *s*-Aorist, meist historische Formen (Skt. *śru*): *assosiṁ, assosi, assoti*; *assumha, assuttha, assosuṁ*.
4. *iṣ*-Aorist (Skt. *gam*): *agamisaṁ, agami, agami*; *agamimha, agamittha, agamisuṁ*.

Perfekt

Das Perfekt existiert nur in Restformen: *bubodha*; *āha*; *vidu* „sie wissen".

Periphrastika

Periphrastika sind häufig, *āgantaro* „sie werden ankommen, hingelangen". Häufig ist die Verbindung von Part. Prät. und Kopula: *otiṇṇo 'mhi* aus *avatīrṇo 'smi* „ich bin herabgestiegen", *gato bhavissati* „er wird gegangen sein";
oder die Verbindung von Part. Präs. und Kopula (Hilfszeitwort): *sayāno 'mhi* „ich bin liegend".

Passiv

Das Passiv wird mit *-ya (-iya)* gebildet, hat aktive Endungen und gleicht formal einem Verb der Klasse IV.
Aber: *dā - dīyati, diyyati*; *kr̥ - kariyati*.
ucyate wird *vuccati*; *vidyate* > *vijjati*; *darśyate* > *dassiyati*; *śru* > *sūyati (suyyati)*.

Kausativa

-aya wird oft zu *–e*: *pāpeti* „er lässt erlangen"; *kalpayati* > *kappeti*.
Wurzeln auf *-ā* haben *-paya*, das zu *-pe* wird: *dāpeti*.

Desiderativa

jugupsati > *jigucchati*; *ditsati* > *dicchati*; *īpsate* > *icchati*.
Produktiv ist das Desiderativum im Pāli nicht mehr.

Intensiva

lalapyate > *lalappati*; *momuhyate* > *momuhati*.

Denominativa

Denominativa sind zahlreich und produktiv. Sie haben das Suffix *-āya (-āpaya)*: *cirāyati* „er zögert".

Schallnachahmend sind *kiṇakiṇāyati* „er klingelt"; *ghurughurāyati* „er schnarcht"; *taṭataṭāyati* „er bebt vor Wut".

Oft wird *-āya* zu *-e*: *yanteti* „er schleudert".

Partizipien

Das Part. Präs. wird auf *-nt* gebildet: *vasant-*.

-māna kommt auch im Aktiv vor: *jīvamāna*.

ās sitzen hat *āsīna*.

Das Part. Prät. wird auf *-ta (-ita)* gebildet und hat bei Transitiva passivische, bei Intransitiva aktivische Bedeutung: *nīta* „geführt", *ita* „gegangen".

darśita > *dassita*, *gacchita* neben *gata*.

Historisch sind Formen auf *-na* besonders bei Verben auf *-d*: *chinna* von *chid*; doch *ruṇṇa* für *rudita*; *tīrṇa* > *tiṇṇa*; *dā* hat auch *dinna*.

Das Part. Prät. Akt. wird mit *-vant* gebildet und an das Part. Prät. Pass. angehängt: *bhuttavant*.

Das Gefühl für Vokalabstufung ist im Pāli verloren gegangen.

Gerundiva

Hier ist das Suffix *-tabba* stark im Vordringen: *netavya* > *netabba*; *rakṣitavya* > *rakkhitabba*; *paktavya* > *pacitabba*; *jñāpayitavya* > *ñāpetabba*.

darśanīya > *dassaneyya*. Das Suffix *-ya* schwindet jedoch allmählich.

Infinitive

Das wichtigste Suffix ist *-tum*; ferner kommen vor: *-tāye, -tave, -tuye*; z. B.: *netave*, *dakkhitāye*.

Auch der Dativ kann als Infinitiv gebraucht werden: *dassanāya* „zu sehen".

Eine weitere Form: *daṭṭhukāma* „zu sehen wünschen".

Gerundia (Absolutiva)

Das wichtigste Suffix ist *-tvā* oder *-tva*; auch *-tvāna* kommt vor; *-ya* ist im Schwinden. Das Morengesetz macht *muktvā* zu *mutvā* oder mit Svarabhakti zu *mukitvā*.

5. Texte

Nach dieser kurzen Einführung in die Grammatik kann und soll sogleich mit der Textlektüre begonnen werden. Der Anfang kann mit dem äußerst leichten *Saraṇagamana* gemacht werden, um die Studierenden zu ermutigen und sie zugleich *medias in res*, nämlich in die Aufnahmezeremonie zur Buddha-Gemeinde, zu führen.

5.1. Saraṇagamana

1. buddhaṁ saraṇaṁ gacchāmi.
2. dhammaṁ saraṇaṁ gacchāmi.
3. saṅghaṁ saraṇaṁ gacchāmi.
4. dutiyaṁ pi buddhaṁ saraṇaṁ gacchāmi.
5. dutiyaṁ pi dhammaṁ saraṇaṁ gacchāmi.
6. dutiyaṁ pi saṅghaṁ saraṇaṁ gacchāmi.
7. tatiyaṁ pi buddhaṁ saraṇaṁ gacchāmi.
8. tatiyaṁ pi dhammaṁ saraṇaṁ gacchāmi.
9. tatiyaṁ pi sanghaṁ saraṇaṁ gacchāmi.

Bei der Flexion musste selbstverständlich die katechisierende Methode, d. h. der Lehrervortrag, den Vorrang haben. Bei der Textlektüre sollte jedoch nach Möglichkeit heuristisch vorgegangen werden. Die Studierenden sollen nach Kräften selbst mitarbeiten und ihre eigenen Kenntnisse aktivieren.

Das gilt hier bereits für die Überschrift. Die Studierenden sollten erkennen, dass es sich um ein Kompositum, nämlich ein Tatpuruṣa, handelt.

gamana bedarf als Tatsama keiner Erklärung, doch könnte hier auf die Begriffe Tatsama und Tadbhava eingegangen werden.

Die Rückführung von *saraṇa* auf vedisch *śaraṇá* müsste (vom *udātta* einmal abgesehen) den Studierenden gelingen. Allerdings sollte schon hier auf den später so häufig vorkommenden Terminus Homonym hingewiesen werden, denn formal könnte *saraṇa* auch auf Sanskrit *smaraṇa* zurückgeführt werden.

gacchāmi müsste als Präsensform von *gam* noch in Erinnerung sein.

pi ist, wie schon in der Grammatik erwähnt, eine häufige Kürzung von *api*.

tatiya ist ein Beispiel für die Umwandlung des *r̥* in *a*.

dutiya < *dvitīya* dürfte keine Schwierigkeiten bereiten. Nun haben sich die Studierenden mit Hilfe des Pāli einen ersten Zugang zum Buddhismus verschafft.

5.2. Dhammacakkappavattanasutta

Evaṁ me sutaṁ: Ekaṁ samayaṁ Bhagavā Bārāṇasiyaṁ viharati Isipatane migadāye. Tatre kho Bhagavā pañcavaggiye bhikkhū āmantesi:

„dve'me bhikkhave antā pabbajitena na sevitabbā. Katame dve. Yo cāyaṁ kāmesu kāmasukhallikānuyogo hīno gammo pothujjaniko anariyo anatthasaṁhito, yo cāyaṁ attakilamathānuyogo dukkho anariyo anatthasaṁhito, ete kho bhikkhave ubho ante anupagamma majjhimā paṭipadā Tathāgatena abhisambuddhā cakkhukaraṇī ñāṇakaraṇī upasamāya abhiññāya sambodhāya nibbānāya saṁvattati.

Katamā ca sā bhikkhave majjhimā paṭipadā Tathāgatena abhisambuddhā cakkhukaranī ñāṇakaraṇī upasamāya abhiññāya sambodhāya nibbānāya saṁvattati. Ayam eva ariyo aṭṭhaṅgiko maggo, seyyath' īdaṁ: sammādiṭṭhi sammāsaṁkappo sammāvācā sammākammanto sammāājīvo sammāvāyāmo sammāsati sammāsamādhi: Ayaṁ kho sā bhikkhave majjhimā paṭipadā Tathāgatena abhisambuddhā cakkhukaraṇī ñāṇakaraṇī upasamāya abhiññāya sambodhāya nibbānāya saṁvattati.

Idaṁ kho pana bhikkhave dukkhaṁ ariyasaccaṁ: jāti pi dukkhā, jarā pi dukkhā, vyādhi pi dukkhā, maraṇaṁ pi dukkhaṁ. appiyehi sampayogo dukkho. piyehi vippayogo dukkho, yaṁ p' icchaṁ na labhati tam pi dukkhaṁ, saṁkhittena pañc' upādānakkhandhā pi dukkhā. Idaṁ kho pana bhikkhave dukkhasamudayaṁ ariyasaccaṁ: yāyaṁ taṇhā ponobbhavikā nandirāgasahagatā tatratatrābhinandinī, seyyath' īdaṁ: kāmataṇhā bhavataṇhā vibhavataṇhā. Idaṁ kho pana bhikkhave dukkhanirodhaṁ ariyasaccaṁ: yo tassā yeva taṇhāya asesavirāganirodho cāgo paṭinissaggo mutti anālayo. Idaṁ kho pana bhikkhave dukkhanirodhagāminī paṭipadā ariyasaccaṁ, ayam eva ariyo aṭṭhaṅgiko maggo, seyyath' īdaṁ: sammādiṭṭhi sammāsaṁkappo sammāvācā sammākammanto sammāājīvo sammāvāyāmo sammāsati sammāsamādhi."

Das *Dhammacakkappavattanasutta* entspricht *Saṁyuttanikāya* LVI, 11. Die literaturgeschichtlichen Zusammenhänge sollten kurz erklärt werden, und die Studierenden sollten erfahren, dass es sich hier um den zentralen, heiligsten Text des Buddhismus handelt, die berühmte Predigt von Benares, die das buddhistische Grunddogma, die Lehre von den vier edlen Wahrheiten *ariyasacca* < *āryasatya*, enthält.

Mit etwas Hilfe sollten die Studierenden die *chāyā dharma-cakrapravartanasūtra* entschlüsseln.

Die formelhaften ersten drei Wörter sind typisch für die beliebte passivische Konstruktion.

bhagavā entspricht sanskritischem *bhagavān*, doch hier wirkt das Zwei-Moren-Gesetz, das aber in der folgenden Zeile bei *dve 'me* außer Kraft gesetzt wird.

āmantesi („er redete an") ist ein *s*-Aorist.

bhikkhave „ihr Mönche" ist eine von Buddha ständig gebrauchte Anrede und der Form nach ein Māgadhismus (Pāli ist eben eine Mischsprache).

antā sind hier nicht „Enden", sondern „Extreme".

pabbajita < *pravrajita*.

sevitabbā ist Gerundivum.

kāmasukhallikānuyogo ist die „Hingabe an die Lust der Sinnesfreuden".

gammo < *grāmya*.

puthujaniko ist „auf die breite (*pr̥thu*) Masse zutreffend", also „ordinär".

attakilamatha (zu Skt. *klam*) ist die Selbstquälung, nämlich durch die (von Buddha abgelehnte) übermäßige Askese.

tathāgata ist ein häufiges Epitheton des Buddha.

karaṇī ist hier „bewirkend".

nibbāna ist das berühmte *nirvāṇa*.

seyyathā steht hier in einem eigenartigen Sandhi, der im Sanskrit unmöglich wäre. Das Wort bedeutet „nämlich" und ist ein Māgadhismus aus *taṁ yathā*.

Das ständig als erstes Glied im Kompositum auftretende *sammā* ist ein Indeklinabile und entspricht Skt. *samyak*.

kho pana „gewiss"; hier steht *pana* für *punar*.

appiyehi < *apriyebhyaḥ*.

saṅkhittena < *saṅkṣiptena* „zusammengefasst, kurz gesagt".

upādānakkhandhā sind die „Arten des Festhaltens".

ponobbhavika < *punarbhavika* „zur Wiedergeburt führend".

Die Bedeutung des Begriffs *taṇhā* < *tr̥ṣṇā* sollte gesondert erklärt werden.

asesa < *aśeṣa* „restlos".

cāga < *tyāga*.

nissaggo ist auf die Wurzel *sr̥j* zurückzuführen.

Alle übrigen Vokabeln sind mit Leichtigkeit dem Wörterbuch zu entnehmen. Will man ganz sicher gehen, bediene man sich des schon erwähnten Wörterbuchs von Dines Andersen, das durch seine Stellenangaben besonders hilfreich ist.

Das nächste Beispiel soll ein *Jātaka* sein. Anhand der bereits erwähnten Literaturgeschichte (S. 280-288) sollten sich die Studierenden allgemein über die *Jātaka*s und über die Begriffe *paccupannavatthu*, *atītavatthu* und *samodhāna* informieren.

Nach der Lektüre des *Dhammacakkappavattanasutta* sollten die Studierenden in der Lage sein, mit nur noch geringer Hilfe und mit Andersens Belegstellenwörterbuch ein *Jātaka* zu bewältigen. Im Folgenden werden daher die Handreichungen deutlich reduziert und auf spezielle Formen beschränkt werden.

5.3. Mahādeva-Jātaka

Atīte Videharaṭṭhe Mithilāyaṁ Makhādevo nāma rājā ahosi dhammiko dhammarājā. So caturāsītivassasahassāni kumārakīḷaṁ tathā oparajjaṁ tathā mahārajjaṁ katvā dīghaṁ addhānaṁ khepetvā ekadivasaṁ kappakaṁ āmantesi: „yadā me samma kappaka sirasmiṁ phalitāni passeyyāsi atha me āroceyyāsīti." Kappako pi dīgham addhānam khepetvā ekadivasaṁ rañño añjanavaṇṇānaṁ kesānaṁ antare ekam eva phalitaṁ disvā „deva, ekan te phalitaṁ dissatīti" ārocesi, „tena hi me samma taṁ phalitaṁ uddharitvā pāṇimhi ṭhapehīti" ca vutto suvaṇṇasaṇḍāsena uddharitvā rañño pāṇimhi patiṭṭhāpesi.

Tadā rañño caturāsītivassasahassāni āyuṁ avasiṭṭhaṁ hoti. Evaṁ sante pi phalitaṁ disvā va maccurājānaṁ āgantvā samīpe ṭhitaṁ viya attānaṁ ādittapaṇṇasālaṁ paviṭṭhaṁ viya ca maññamāno saṁvegaṁ āpajjitvā „bāla Makhādeva, yāva phalitass' uppādā va ime kilese jahituṁ nāsakkhīti" cintesi. Tass' evaṁ phalitapātubhāvaṁ āvajjantassa āvajjantassa antoḍāho uppajji, sarīrā sedā mucciṁsu, sāṭakā pīḷetvā apanetabbākārappattā ahesuṁ. So „ajj' eva mayā nikkhamitvā pabbajituṁ vaṭṭatīti" kappakassa satasahassuṭṭhānaṁ gāmavaraṁ datvā jeṭṭhaputtaṁ pakkosāpetvā „tāta, mama sīse phalitaṁ pātubhūtaṁ, mahallako 'mhi jāto, bhuttā kho pana me mānusakā kāmā, idāni dibbakāme pariyesissāmi, nekkhammakālo mayhaṁ, tvaṁ imaṁ rajjaṁ paṭipajja, ahaṁ pana pabbajitvā Makhādevambavanuyyāne vasanto samaṇadhammaṁ karissāmīti" āha. Taṁ evaṁ pabbajitukāmaṁ amaccā upasaṁkamitvā „deva, kiṁ tumhākaṁ pabbajjākāraṇan" ti pucchiṁsu. Rājā phalitaṁ hatthena gahetvā amaccānaṁ imaṁ gātham āha:

Uttamaṅgaruhā mayhaṁ ime jātā vayoharā
pātubhūtā devadūtā, pabbajjāsamayo mamā 'ti.

So evaṁ vatvā taṁ divasam eva rajjaṁ pahāya isipabbajjaṁ pabbajitvā tasmiñ ñeva Makhādevambavane viharanto caturāsītivassasahassāni cattāro brahmavihāre bhāvetvā aparihīnajjhāne ṭhito kālaṁ katvā Brahmaloke nibbattitvā puna tato cuto Mithilāyaṁ yeva Nimi nāma rājā hutvā osakkamānaṁ attano vaṁsaṁ ghaṭetvā tatth' eva ambavane pabbajitvā brahmavihāre bhavetvā puna Brahmalokūpago va ahosi.

ahosi ist sigmatischer Aorist von *hoti*, das wiederum aus *bhavati* kontrahiert wurde.
katvā ist Absolutiv „verbracht habend".
addhānaṁ < *adhvan*, hier: „Zeitraum".
khepetvā ist Absolutiv vom Kausativ, hier: „verbringen".
samma ist Vok. zu Skt. *saumya* „mein Lieber!"

Zu *phalitāni* muss „Haare“ ergänzt werden.
Die beiden folgenden Verbformen sind Optative.
añjanavaṇṇa bedeutet „Farbe wie schwarze Salbe“.
disvā ist Absolutiv und entspricht Skt. *dr̥ṣṭvā*.
Dass der Friseur den König mit *deva* anredet, ist eine Höflichkeitsform, die im alten Indien sehr verbreitet war.
dassati ist Passiv und entspricht Skt. *dr̥śyate*.
Zu beachten ist die Aktiv-Endung, obwohl es sich um ein Passiv handelt.
tena hi bedeutet „dann also“.
ṭhapehi < *sthāpaya*.
avasiṭṭha < *avaśiṣṭa* „übrig, restlich“.
sante ist Locativus absolutus.
maccurājā ist der Todesgott.
viya steht für *iva*.
āditta entspricht Skt. *ādīpta*.
maññamāna ist mediales Part. Präs.
Dem Absolutiv *apajjitvā* liegt Skt. *āpadyate* zugrunde.
Der König ist angesichts des ersten grauen Haares so erschrocken, dass er eine brennende Laubhütte zu betreten glaubt.
kilesa < *kleśa*, hier: „Laster“.
asakkhi ist 2. Pers. Singular des Aorists von *sakkoti* (der König spricht mit sich selbst).
āvajjati zu der Skt.-Wurzel *vr̥j* „hin und her überlegen“.
sarīrā ist Ablativ.
sedā im Plural: „Schweißtropfen“.
Der Sinn des Folgenden ist: Die Oberbekleidung quälte den König so sehr, dass sie unerträglich wurde und abzulegen war.
ajj 'eva < *adyaiva* ist wieder ein eigentümlicher Sandhi: „heute noch“.
vaṭṭati < *vartate*.
gāmavara ist ein wohlhabendes Dorf, das viele Steuern bringt.
pakkosāpetvā ist Kausativ II: „holen lassen“ (Skt. *prakruś*).
'mhi steht für *asmi*, *dibba* für *divya*.
pariyesissāmi ist Futurum von *pariyesati*.
nekkhama < *naiṣkramya*, hier: „Entsagung (von weltlichen Freuden)“.
paṭipajja ist Imperativ.
uyyāna < *udyāna*.
samaṇa < *śramaṇa*.

karissāmi ist Futurum. Der König wollte das Leben eines Asketen führen. Aber die Minister – *amacca* < *amātya* – kamen zusammen und fragten den König nach der Ursache seines Entschlusses.
pucchiṁsu ist Aorist.
gahetvā ist Absolutiv und entspricht Skt. *gr̥hītvā*.
uttamaṅga ist ein bildhafter Ausdruck für „Kopf“.
pātubhūta bedeutet „offenbart“.
Die Gāthā ist metrisch.
vatvā ist Absolutiv (< *uktvā*)
pahāya ist Absolutiv von *pajahāti*.
brahmavihāra ist „seelische Vollkommenheit“, die vier Komponenten umfasst: Freundlichkeit, Mitleid, Güte und Gleichmut.
bhāvetvā ist Absolutiv vom Kausativ.
jhāna < *dhyāna*.
kālaṁ mit Absolutiv *katvā*, bildhaft: „er starb“.
cuto < *cyuta* „übergewechselt“.
brahmalokūpago hat einen ganz eigentümlichen Sandhi; gemeint ist „Zugang zur Brahmawelt findend“.

Auch nichtkanonische Werke sind in Pāli überliefert. Eines der wichtigsten Werke dieser Gattung und der buddhistischen Literatur überhaupt sind die *Milindapañhā*, „die Fragen des Milinda“. Milinda ist identisch mit Menandros, der in Nordwestindien etwa von 125 bis 95 v. Chr. regierte.
Die *Milindapañhā* (< *Milindapraśnāḥ*) sind stark überarbeitet worden und daher nur teilweise originär. Der hier diskutierte Abschnitt II, 1, 1 dürfte alt und echt sein. Der am Buddhismus interessierte König führt hier eine religiöse Unterredung mit dem Mönch Nāgasena. Dieser legt dar, dass es kein Ich gibt, sondern nur stetigen Wandel. Abgesehen von einigen Phrasen zu Beginn des Stückes, müssten die Studierenden den Text mit nur noch geringfügiger Hilfe bewältigen können.

5.4. Milindapañhā

Atha kho Milindo rājā yen' āyasmā Nāgaseno ten' upasaṁkami, upasaṁkamitvā āyasmatā Nāgasenena saddhiṁ sammodi, sammodanīyaṁ kathaṁ sārāṇīyaṁ vītisāretvā ekamantaṁ nisīdi. Āyasmā pi kho Nāgaseno paṭisammodi, yen' eva rañño Milindassa cittaṁ ārādhesi.
Atha kho Milindo rājā āyasmantaṁ Nāgasenaṁ etad avoca: „kathaṁ bhadanto ñāyati. kinnāmo si bhante“ ti. „Nāgaseno ti kho ahaṁ mahārāja ñāyāmi, Nāgaseno ti maṁ mahārāja sabrahmacāri samudācaranti, api ca mātāpitaro nāmaṁ karonti Nāgaseno ti vā Sūraseno ti vā Vīraseno ti vā Sīhaseno ti vā, api ca kho mahārāja

saṁkhā samaññā paññatti vohāro nāmamattaṁ yad idaṁ Nāgaseno ti, na h' ettha puggalo upalabbhatīti.“

Atha kho Milindo rājā evam āha: „suṇantu me bhonto pañcasatā Yonakā asitīsahassā ca bhikkhū, ayaṁ Nāgaseno evam āha: ‚na h' ettha puggalo upalabbhatīti,' kallan nu kho tad abhinanditun“ ti.

Atha kho Milindo rājā āyasmantaṁ Nāgasenaṁ etad avoca: „sace bhante Nāgasena puggalo n' upalabbhati, ko carahi tumhākaṁ cīvara-piṇḍapāta-senāsana-gilānapaccayabhesajja-parikkhāraṁ deti, ko taṁ paribhuñjati, ko sīlaṁ rakkhati, ko bhāvanaṁ anuyuñjati, ko magga-phala-nibbānāni sacchikaroti, ko pāṇaṁ hanati, ko adinnaṁ ādiyati, ko kāmesu micchā carati, ko musā bhaṇati, ko majjaṁ pivati, ko pañcānantariyakammaṁ karoti. Tasmā n' atthi kusalaṁ, n' atthi akusalaṁ, n' atthi kusalākusalānaṁ kammānaṁ kattā vā kāretā vā, n' atthi sukaṭadukkaṭānaṁ kammānaṁ phalaṁ vipāko. Sace bhante Nāgasena yo tumhe māreti n' atthi tassāpi pāṇātipāto, tumhākam pi bhante Nāgasena n' atthi ācariyo n' atthi upajjhāyo n' atthi upasampadā. ‚Nāgaseno ti maṁ mahārāja sabrahmacārī samudācarantīti' yaṁ vadesi, katamo ettha Nāgaseno, kin nu kho bhante kesā Nāgaseno“ ti.

„Na hi mahārājā" 'ti. „Lomā Nāgaseno" 'ti. „Na hi mahārājā" 'ti. „Nakhā ... pe ... dantā taco maṁsaṁ nahāru aṭṭhi aṭṭhi-miñjā vakkaṁ hadayaṁ yakanaṁ kilomakaṁ pihakaṁ papphāsaṁ antaṁ antaguṇaṁ udariyaṁ karīsaṁ pittaṁ semhaṁ pubbo lohitaṁ sedo medo assu vasā kheḷo siṅghāṇikā lasikā muttaṁ matthake matthaluṅgaṁ Nāgaseno" ti.

„Na hi mahārājā" 'ti. „Kin nu kho bhante rūpaṁ Nāgaseno" ti. „Na hi mahārājā" 'ti. „Vedanā ... saññā ... saṁkhārā ... viññāṇaṁ Nāgasena" ti. „Na hi mahārājā" 'ti. „Kim pana bhante rūpa-vedanā-saññā-saṁkhāra-viññāṇaṁ Nāgaseno" ti. „Na hi mahārājā" 'ti. „Kim pana bhante aññatra rūpa-vedanā-saññā-samkhāra-viññāṇaṁ Nāgaseno" ti. „Na hi mahārājā" 'ti. „Tam ahaṁ bhante pucchanto pucchanto na passāmi Nāgasenaṁ, saddo yeva nu kho bhante Nāgaseno, ko pan' ettha Nāgaseno, alikaṁ tvaṁ bhāsasi musāvādaṁ, n' atthi Nāgaseno" ti.

Atha kho āyasmā Nāgaseno Milindaṁ rājānaṁ etad avoca: „tvaṁ kho si mahārāja khattiyasukhumālo accantasukhumālo, tassa te mahārāja majjhantikasamayaṁ tattāya bhūmiyā uṇhāya vālikāya kharā sakkhara-kaṭhala-vālikā madditvā pādena gacchantassa pādā rujanti, kāyo kilamati, cittaṁ upahaññati dukkhasahagataṁ kāyaviññāṇaṁ uppajjati, kin nu tvaṁ pāden' āgato si udāhu vāhanenā" 'ti.

„Nāhaṁ bhante pāden' āgacchāmi rathenāhaṁ āgato 'smīti." „Sace tvaṁ mahārāja rathen' āgato 'si rathaṁ me ārocehi, kin nu kho mahārāja īsā ratho" ti. „Na hi bhante" ti. „Akkho ratho" ti. „Na hi bhante" ti. „Cakkāni ... rathapañjaraṁ ... rathadaṇḍako ... yugaṁ ... rasmiyo ... patodalaṭṭhi ratho" ti. „Na hi bhante" ti. „Kin nu kho mahārāja īsā-akkha-cakka-rathapañjara-rathadaṇḍa-yuga-rasmi-patodaṁ ratho" ti. „Na hi bhante" ti. Kim pana mahārāja aññatra īsā-akkha-cakka-rathapañjara-rathadaṇḍa-yuga-rasmi-patodaṁ ratho" ti. „Na hi bhante" ti.

„Tam ahaṁ mahārāja pucchanto pucchanto na passāmi rathaṁ, saddo yeva nu kho mahārāja ratho, ko pan' ettha ratho, alikaṁ tvaṁ mahārāja bhāsasi musāvādaṁ, n' atthi ratho, tvaṁ si mahārāja sakala-Jambudīpe aggarājā, kassa pana tvaṁ bhāyitvā musā bhāsasi, suṇantu me bhonto pañcasatā Yonakā asītisahassā ca bhikkhū, ayaṁ Milindo rājā evam āha: 'rathenāhaṁ āgato 'smīti, 'sace tvaṁ mahārāja rathen' āgato si rathaṁ me ārocehīti' vutto samāno rathaṁ na sampādeti, kallan nu kho tad abhinanditun" ti.

Evaṁ vutte pañcasatā Yonakā āyasmato Nāgasenassa sādhukāraṁ datvā Milindaṁ rājānaṁ etad avocuṁ: „idāni kho tvaṁ mahārājā sakkonto bhāsassū" 'ti.

Atha kho Milindo rājā āyasmantaṁ Nāgasenaṁ etad avoca: „nāhaṁ bhante Nāgasena musā bhaṇāmi, isañ ca paṭicca akkhañ ca paṭicca cakkāni ca paṭicca rathapañjarañ ca paṭicca rathadaṇḍakañ ca paṭicca ratho ti saṁkhā samaññā paññatti vohāro nāmaṁ pavattatīti."

„Sādhu kho tvaṁ mahārājā rathaṁ jānāsi, evam eva kho mahārājā mayhaṁ pi kese ca paṭicca lome paṭicca ... pe ... matthaluṅgañ ca paṭicca rūpañ ca ... , viññāṇañ ca paṭicca Nāgaseno ti saṁkhā ... nāmamattaṁ pavattati, paramatthato pan' ettha puggalo n' upalabbhati. Bhāsitam p' etaṁ mahārājā Vajirāya bhikkhuniyā Bhagavato sammukhā:

Yathā hi aṅgasambhārā hoti saddo ratho iti,
evaṁ khandhesu santesu hoti satto ti sammutīti".

„Acchariyaṁ bhante Nāgasena, abbhutaṁ bhante Nāgasena, aticitrāni pañhapaṭibhānāni vissajjitāni, yadi Buddho tiṭṭheyya sādhukāraṁ dadeyya, sādhu sādhu Nāgasena, aticitrāni pañhapaṭibhānāni vissajjitāni."

Bei der Einleitung zu dem vorstehenden Dialog benötigen die Studierenden wegen der zahlreichen neuen Vokabeln (die jedoch in der Pāli-Literatur nicht selten sind) eine massive Unterstützung, die aber bald wieder reduziert werden kann.

Da es sich bei diesen Zeilen um bloße Begrüßungsfloskeln handelt, die für das Verständnis des Buddhismus unerheblich sind, kann der Lehrende auch darauf verzichten und erst beim eigentlichen Dialog zwischen Milinda und Nāgasena beginnen.

yena – tena ist ein häufiges Korrelativum und hier mit „wo – dort" zu übersetzen. Zu ergänzen ist „weilte".

āyasmā „ehrwürdig" geht auf vedisch *ā́yuṣmat* zurück, *saddhiṁ* auf vedisch *sadhrī, sadhryak.* Während dies im Vedischen „zielgerichtet" bedeutet, bedeutet es im Pāli einfach „mit".

sammodi ist ein Aorist von *sammodati* „einen Gruß wechseln". *sammodanīya* ist hier „freundlich".

sārāṇīya ist zweifelhaft; es ist entweder von *sam-raj* abzuleiten und bedeutet dann „erfreuend" oder „höflich", oder es geht auf die Wurzel *smr̥* zurück und wäre dann „üblich" oder „konventionell".

vītisāretvā ist Kausativ von Skt. *vy-ati-sr̥*, etwa: „eine höfliche Rede wechseln".

Bei *rañño* schlägt die konsonantische Deklination des Skt. durch als Genitiv von *rājan.*

ārādhesi ist Aorist vom Kausativ „erfreuen".

avoca ist Aorist von *vatti*; im Skt. *avocat,* doch im Pāli ist ein Konsonant im Auslaut nicht zulässig.

bhadanto ist ein Tatsama „Herr", und *ñāyati* ist Passiv, hier mit „bekannt" zu übersetzen.

bhante ist eine spätere, indeklinable Form.

sabrahmacārī „die Mitbrüder" ist masc. Plural.

samudācaranti bedeutet hier einfach „anreden".

Die Wendung *api ca* ist hier mit „doch wenn auch" wiederzugeben.

Die folgenden Substantive sind leicht dem Wörterbuch zu entnehmen.

vohāro < *vyavahāra* muss mit „gängiger Terminus" umschrieben werden.

nāmamattaṁ: „nur ein Name".

suṇantu ist Imperativ, und das Passiv *upalabbhati* bedeutet „wird vorgefunden".

Der König wendet sich jetzt an die Anwesenden und zitiert die letzten Worte des Nāgasena.

kallan nu kho „ist es recht (*kalya*)".

abhinandituṁ ist Infinitiv.

Danach wendet sich Milinda wieder an den Mönch.

sace < *cet.*

carahi < *tarhi.*

Das folgende Kompositum findet sich in der buddhistischen Literatur häufig.

parikkhāra < *pariṣkāra* ist die „Versorgung".

sacchikaroti < *sākṣāt karoti.*

musā ist vedisch *mr̥ṣā.*

pañcānantariyakamma sind „fünf Handlungen", die unverzüglich (zu ergänzen ist: „böse Folgen haben").

kattā ist der „Betätiger" und *kāretā* < *kārayitr̥* der „Veranlasser".

vipāka ist hier das „Ergebnis".

upasampadā ist die höhere buddhistische Weihe.

Die Studierenden lernen hier eine große Anzahl spezieller buddhistischer Termini, die jeweils kurz (über das linguistische Moment hinaus) erklärt werden sollten.

Milinda versucht nun, den Mönch *ad absurdum* zu führen und stellt ihm eine Serie von Fragen, die mit „Ist wohl das Kopfhaar Nāgasena?" beginnen. Der Mönch verneint. Alle weiteren Körperteile und Organe, nach denen der König fragt, können mit Leichtigkeit anhand des Wörterbuchs identifiziert werden.

saṁkhāra sind die „Charakterzüge".

pucchanto ist Part. Präs.; die Bedeutung ist: „obwohl ich frage und frage".

majjhantikasamaya ist die „Mittagszeit". Dieser Abschnitt, der viele singuläre Vokabeln enthält, kann jedoch auch weggelassen werden. Der relevante Text setzt ein mit der Frage, ob der König zu Fuß oder (*udāhu* = *uta* + *āho*) mit einem Wagen gekommen sei.

ārocehi „erkläre!" aus einem Kausativ von *ā-ruc*.

Nāgasena fragt nun den König, ob die Achse, der Wagenkasten, die Räder oder andere Bestandteile den Wagen ausmachen, und erhält stets eine verneinende Antwort. Der Mönch stellt, den König imitierend, fest, er sehe keinen Wagen, dies sei nur ein bloßes Wort: *sadda* < *śabda*.

Die folgenden Sätze bieten keine Schwierigkeiten, denn Nāgasena zitiert den König fast wörtlich.

sampādeti ist Kausativ von *sampajjati* < *sampādayati*.

sādhukāra ist eine Umschreibung für „Beifall".

avocuṁ ist Aorist der dritten Pers. Plural.

Das Partizip *sakkonto* kann nur mit „weṅn du kannst" wiedergegeben werden.

bhāsassū < *bhāṣasva* ist Imperativ.

paṭicca < *pratītya* ist eine Präposition „in Bezug auf". Der König räumt ein, dass „Wagen" nur eine konventionelle Bezeichnung ist. Der Mönch lobt ihn deshalb und bekräftigt, dass eben auch Nāgasena nur eine solche Bezeichnung ist.

paramatthato < *paramārthatas* bedeutet „über diese Bedeutung hinaus".

bhikkhuniyā ist Instr. und bezieht sich auf die Nonne Vajirā.

sammukhā ist eigentlich Abl., muss aber übersetzt werden mit „in Gegenwart von" (hier: des Erhabenen, nämlich des Buddha).

aṅgasambhārā ist zwar Abl., ist jedoch mit „bei Verbindung der Teile (Glieder)" zu übersetzen.

khandha sind die fünf Elemente, die den Menschen konfigurieren (Gestalt, Empfindung, Bewusstsein, geistige Bildungskräfte, Erkenntnis).

santesu ist Locativus absolutus im Plural: „wenn … vorhanden sind".

satte < *sattva*, hier: „Lebewesen".

sammutti < *saṁmati* ist „die konventionelle Annahme“.

acchariya < *āścarya* „wundervoll“. Es erfolgt jetzt die unvermeidliche allgemeine Zustimmung.

pañhapaṭibhāna ist ein Tatpuruṣa: „die Beantwortung der Frage“.

vissajita < *vi-sr̥j* ist ein Part. Prät. Pass., hier: „dargelegt, vorgetragen“.

tiṭṭheyya ist Optativ der dritten Pers. Singular von *tiṭṭhati* < *tiṣṭhati*; zu ergänzen ist „hier“.

Auch *dadeyya* ist ein Optativ.

Wenn die Studierenden bis hierher gelangt sind, müssten sie in der Lage sein, alle wesentlichen Texte aus dem *Dīghanikāya*, dem *Majjhimanikāya* und zum Teil auch aus dem *Abhidhammapiṭaka* zu meistern und sich in der gesamten Pāli-Literatur zurechtzufinden.

II. Ardhamāgadhī

1. Einführung

Ohne die Studierenden zu entmutigen, sollte ihnen an dieser Stelle doch gesagt werden, dass sie es bisher mit Alt-Prākr̥t, das sich relativ eng an das Sanskrit anlehnt, zu tun hatten, dass sie aber mit der Ardhamāgadhī das Gebiet der Prākr̥ts im engeren Sinne betreten, auf welchem ganz erhebliche Schwierigkeiten auf sie warten, besonders hinsichtlich der Lautlehre. Das betrifft nicht die (gegenüber dem Sanskrit vereinfachte) Phonetik, wohl aber, wie sie noch sehen werden, die Phonologie.

Ebenso deutlich sollte aber gemacht werden, dass die Bewältigung dieser Schwierigkeiten eine durchaus lohnende Aufgabe ist. Denn über die Ardhamāgadhī findet man den Zugang zu den anderen Prākr̥ts, insbesondere zur Śaurasenī und zur Māhārāṣṭrī. Sodann sollte erklärt werden, dass die Ardhamāgadhī für das Verständnis des Jinismus die gleiche Bedeutung hat wie das Pāli für die Buddhologie.

In diesem Zusammenhang sollte auf die (oft verkannte bzw. unterbewertete) Bedeutung aufmerksam gemacht werden, die der Jinismus für die indische Religionsgeschichte und auch für die Philosophie hat. Dabei sollte besonders auf die folgenden Gesichtspunkte verwiesen werden. Sie sind zwar nicht linguistischer Natur, sollen aber den Studierenden verdeutlichen, welch große religionswissenschaftliche Bedeutung der Jinismus hat, und dass zu seinem Verständnis die Beherrschung der Ardhamāgadhī unerlässlich ist.

Auf dem indischen Subkontinent bewahrte der Jinismus – im Unterschied zum Buddhismus – eine kontinuierliche Existenz.

Der Jinismus hat keine nennenswerte innere Entwicklung durchgemacht. Im Hinduismus wurden Veda und Upaniṣaden umgestaltet durch Purāṇas und Tantras. Im Buddhismus wurde aus dem Theravāda die Deifizierung des Buddha im Mahāyāna. Im Jinismus finden wir dagegen trotz der frühen Spaltung in Digambaras und Śvetāmbaras alle heutigen Grundgedanken bereits in den ältesten literarischen Urkunden.

Die Philosophie des Jinismus hat große Leistungen vollbracht. In der *Ontologie* begründeten die Jainas mit ihrer Lehre, wonach die Materie (*poggala*) aus unendlich vielen, nicht mehr zerlegbaren kleinsten gestaltlosen Teilen besteht, den Atomismus noch vor Leukipp (500 bis 440) und 100 Jahre vor Demokrit (460 bis 370). Der relative Pluralismus (*anegaṁtavāya*) ist die Vermittlung zwischen den Standpunkten der ältesten Upaniṣaden und des ursprünglichen Buddhismus. Zur Erkenntnistheorie wurde der *siyāvāda* als besondere dialektische Methode herausgearbeitet. In der *Ethik* wurde die Lehre vom *karman* mit 148 *kamma*-Arten so weit ausgeführt wie in keinem anderen philosophischen System Indiens.

Was Lehrmaterialien für Ardhamāgadhī betrifft, so ist die Situation weit ungünstiger als beim Pāli. Als Lehrbuch kommt am ehesten noch die *Introduction to Ardha-Māgadhī* von A. M. Ghatage (Pune 1993) in Betracht. Die Grammatik wird sehr ausführlich behandelt; in didaktischer Hinsicht lässt das Buch jedoch viele Wünsche offen. Wichtiges ist von Unwichtigem kaum zu unterscheiden; zu den Übungsstücken gibt es keinen Schlüssel, und das Glossar ist wegen seiner vielen Lücken kaum brauchbar. Immerhin enthält das Buch eine große Materialfülle. In Betracht kommen ferner *A Historical Grammar of Ardha-magadhi* (Varanasi 1982) von Satya Swarup Misra und *A Comparative Grammar of Middle Indo-Aryan* (Poona 1960) von Sukumar Sen.

Was die Lexik anlangt, so gibt es einige sehr umfangreiche Wörterbücher, so von A. M. Ghatage, die aber für den Unterricht kaum geeignet sind. Am meisten verbreitet (und nur deshalb hier genannt) ist das fünfbändige Werk von Ratna Chandra: *An Illustrated Ardha-Māgadhī Dictionary wich Sanskrit, Gujrat, Hindi and English Equivalents* (Indore 1923-1932, Neudruck 1988). Ein einbändiges Wörterbuch wurde vom Verf. erarbeitet: *Wörterbuch Ardhamāgadhī – Deutsch* (Wichtrach 2003). Wer mit Hilfe der Ardhamāgadhī speziell den Jinismus erkunden möchte, benutze das ebenfalls vom Verf. erarbeitete *Wörterbuch des kanonischen Jinismus* (Wiesbaden 2005).

In der Ardhamāgadhī wirken sowohl östliche (Māgadhī) als auch westliche Elemente; es handelt sich also um eine Mischsprache. Da der Śvetāmbara-Kanon in der Ardhamāgadhī überliefert ist, schätzen die Jainas die Ardhamāgadhī als Sprache der Edlen, ja, der Götter überaus hoch ein: *ārisavayaṇe siddhaṁ devāṇaṁ addhamāgahā vāṇī*. Die Studierenden werden bald feststellen, dass sie von dieser Euphorie nicht sehr profitieren, dass vielmehr große Schwierigkeiten auf sie zukommen. Diese betreffen besonders die Ligaturen und die Elisionen. Es muss also auch hier mit der Lautlehre begonnen werden.

2. Lautlehre

Die Ardhamāgadhī weist folgende Vokale auf: *a*, *ā*, *i*, *ī*, *u*, *ū*, *e*, *o*. Gegenüber dem Sanskrit fehlen also *ṛ*, *ṝ*, *ḷ*, *ai* und *au*; *e* und *o* können jedoch sowohl lang als auch kurz sein. Erhalten geblieben ist der Anusvāra, aber – und das sollte den Studierenden als Bonus vermittelt werden – der Visarga fällt weg.

Die *varga*s der Konsonanten sind die gleichen wie im Sanskrit; nur fallen das palatale *ś* und das retroflexe *ṣ* weg, so dass von den Zischlauten nur das dentale *s* übrig bleibt.

Die Schwierigkeiten bestehen nun darin, dass sich viele Laute und Lautgruppen des Sanskrit in der Ardhamāgadhī mehr oder minder (und nicht immer nach klaren Gesetzen) stark verändern.

Die Sanskrit-Diphthonge *ai* und *au* werden auf *e* und *o* reduziert: *śaila* > *sela*, *laukika* > *logiya*.

Aus dem Visarga wird *o*: *punaḥ* > *puno*, *ataḥ* > *ao*.

Initial wird *n* meist zu *ṇ*, und *y* wird *j*. Das alles ist noch einigermaßen überschaubar.

Das größte Problem ist der häufige Ausfall von intervokalischen *k*, *g*, *c*, *j*, *t* und *d*.

Intervokalisch auftretende aspirierte Konsonanten bewahren nur die Aspiration, das *h*. Im Auslaut kann nur ein Vokal oder Anusvāra stehen.

Besonders problematisch ist der Umgang mit Ligaturen. Assimilationen werden ähnlich wie im Pāli vorgenommen. Dominiert der erste Konsonant, ist die Assimilation progressiv: *sūtra* > *sutta*; dominiert der zweite Konsonant, so ist die Assimilation regressiv: *yukta* > *jutta*, *kalpa* > *kappa*.

Saṁprasāraṇa ist ziemlich häufig, wobei *aya* zu *e* und *ava* zu o wird.

Die im Sanskrit oft so diffizilen Sandhi-Gesetze fallen fast vollständig weg; das sollte die Studierenden ermutigen.

Ein Hiatus wird meist toleriert.

Reste des Sandhi sind: *nāsti* > *natthi*, *nāham* > *ṇāhaṁ*.

Endkonsonanten fallen ab: *tamas* > *tama* oder werden zu Anusvāra: *bhagavan* > *bhayavaṁ*.

Lange Vokale werden vor Ligaturen gekürzt: *rājya* > *rajja*, *kāvya* > *kavva*.

Am Anfang eines Wortes kann keine Ligatur stehen: *prabhā* > *pahā*, *krama* > *kama*.

Die Ligatur kann auch mit Hilfe von Svarabhakti – meist *i* – aufgelöst werden: *bhāryā* > *bhāriyā*, *śrī* > *siri*.

Intervokalisch elidierte Konsonanten werden oft durch *y* ersetzt: *nagara* > *nayara*, *gaja* > *gaya*.

Intervokalisches *p* wird *v*: *kopa* > kova, *pāpa* > *pāva*.

Die folgenden Tabellen zur Lautumwandlung sollten den Studierenden in Kopie zugänglich gemacht werden, ohne damit allzu große Erwartungen in ihnen zu wecken. Denn man sieht sogleich, dass es zahlreiche Umwandlungsmöglichkeiten gibt. Dadurch wird aber einer verwirrenden Fülle von Homonymen Tür und Tor geöffnet. Es sind gerade die Homonyme, die die Prākr̥ts – und nicht zuletzt die Ardhamāgadhī – zu schwer übersetzbaren Sprachen machen. Zwei Beispiele sollen den Studierenden die Problematik verdeutlichen.

So kann *raha* entstanden sein:

1. < *rabhasa* m. Ungestüm, Heftigkeit;
2. < *rahas* n. Geheimnis;
3. < *ratha* m. (Kriegs-)Wagen.

Noch unübersichtlicher wird es bei *sukka*:
1. < *śuṣka* adj. trocken, dürr;
2. < *śukra* m. Manneskraft, Potenz;
3. < *śulka* n. Preis; Steuer, Zoll;
4. < *śukla* adj. weiß, hell, klar

Die Studierenden sollten angehalten werden, sich – bestenfalls in gemeinschaftlichem Wettbewerb – in der *chāyā*-Findung zu üben. Dabei erhalten sie auch die Gelegenheit, ihre Sanskrit-Kenntnisse zu festigen.

2.1. Tabellen der Lautumwandlungen

Sanskrit > Prākr̥t

kta > tta; ktha > ttha; kpa > ppa; kma > ppa; kya > kka; kra > kka; kla > kka; kva > kka; kṣa > ccha, kkha (Māgadhī ska).
khya > kkha.
gṇa > gga; gda > dda; gdha > ddha; gna > gga; gbha > bbha; gma, gya, gra > gga.
ghra > ggha.
cya > ccya.
chra > ccha.
jña > ṇṇa (Māgadhī ñña); jya, jra, jva > jja.
ṭka > kka; ṭca > cca; ṭta > tt; ṭpa > pp; ṭpha > pph; ṭya > ṭṭa.
ḍga > gga; ḍja > jja; ḍda > dda; ḍbha > bbha; ḍya > ḍda; ḍva > vva.
ḍhya > ḍḍha.
ṇya > ṇṇa (Māgadhī auch ñña); ṇva > ṇṇa.
tka > kka; tkha > kkha; tna > tta; tpa > ppa; tpha > ppha; tya > cca; tra, tva > tta; tśa > ssa, sa (Māgadhī śa); tsa > ccha, ssa, sa (Māgadhī śca, śa).
thya > ccha.
dga > gga; dgha > ggha; dba > bba; dbha > bbha; dya > jja (Māgadhī yya); dra > dda; dva > dda, vva.
dhya > jjha (Māgadhī yyha); dhra, dhva > ddha.
nma > mma; nya, nva > ṇṇa.
pta > tta; pya, pra, pla > ppa; psa > ccha.
bja > jja; bda > dda; bdha > ddha; bra > bba.
bhya, bhra > bbha.

mna > ṇṇa; mya, mra, mla > mma.
yya > jja.
rka > kka; rkha > kkha; rga > gga; rgha > ggha; rca > cca; rccha > ccha; rja > jja (Māgadhī yya); rjha > jjha; rṇa > ṇṇa; rta > tta; rtha > ttha (Māgadhī sta); rda > dda; rdha > ddha; rpa > ppa; rba > bba; rbha > bbha; rma > mma; rya > jja (Māgadhī yya); rla > lla; rva > vva.
lka > kka; lga > gga; lpa > ppa; lpha > ppha; lba > bba; lma > mma; lya, lra, lva > lla.
vya, vra > vva.
śca > ccha, cca (Māgadhī śca); śna > ṇha; śma > mha (Māgadhī śma); śya, śra, śla, śva > ssa (Māgadhī śśa);
ṣka, ṣkha > kkha (Māgadhī ska resp. skha); ṣṭa, ṣṭha > ṭṭha (Māgadhī sṭa); ṣṇa > ṇha (Māgadhī sṇa); ṣpa, ṣpha > ppha (Māgadhī spa resp. spha); ṣma > mha; ṣya, ṣva > ssa (Māgadhī śśa).
ska, skha > kkha (Māgadhī ska resp. skha); sta, stha > ttha, ṭṭha (Māgadhī sta); sna > ṇha; spa, spha > ppha (Māgadhī spa resp. spha); sma > mha; sya, sra, sva > ssa (Māgadhī śśa).
hṇa, hna > ṇha; hma > mha; hya > jjha (Māgadhī yha); hla > lha; hva > bbha.
ḥka > kka; ḥkha > kkha; ḥpa > ppa; ḥpha > ppha; ḥśa, ḥṣa, ḥsa > ssa (Māgadhī śśa) [oder sa (Māgadhī śa) mit Dehnung].
kṣṇa > ṇha; kṣma > mha.

Sanskrit > Ardhamāgadhī

kta > tta; ktha > ttha; kpa > ppa; kma > ppa; kya > kka; kra > kka; kla > kka; kva > kka; kṣa > ccha, kkha.
khya > kkha.
gṇa > gga; gda > dda; gdha > ddha; gna > gga; gbha > bbha; gma, gya, gra > gga.
ghra > ggha.
cya > ccya.
chra > ccha.
jña > gna; jya, jva > jja.
ṭka > kka.
ḍga > gga; ḍva > vva.
ḍhya > ḍḍha.
ṇya, ṇva > ṇṇa.
tka > kka; tkha > kkha; tna > tta; tpa > ppa; tpha > ppha; tya > cca; tra, tva > tta; tsa > ccha.

dga > gga; dgha > ggha; dba > bba; dbha > bbha; dya > jja; dra > dda, ḍḍa; dva > dda, vva.
dhya > jjha; dhra > ddha; dhva > jjha, ddha.
nma > mma; nya, nva > nna.
pta > tta; pya, pra, pla > ppa; psa > ccha.
bja > jja; bda > dda; bdha > ddha; bra > bba.
bhya, bhra > bbha.
mna > nna; mya, mla > mma.
yya > jja.
rka > kka; rkha > kkha; rga > gga; rgha > ggha; rca > cca; rccha > ccha; rja > jja; rjha > jjha; rṇa > ṇṇa; rta > tta, ṭṭa; rtha > ttha, ṭṭha; rda > dda, ḍḍa; rdha > ddha, ḍḍha; rpa > ppa; rba > bba; rbha > bbha; rma > mma; rya > jja; rva > vva.
lka > kka; lga > gga; lpa > ppa; lpha > ppha; lba > bba; lma > mma; lya, lva > lla.
vya, vra > vva.
śca > ccha; śna > ṇha; śma > mha; śya, śra, śla, śva > ssa;
ṣka, ṣkha > kkha; ṣṭa, ṣṭha > ṭṭha; ṣṇa > ṇha; ṣpa, ṣpha > ppha; ṣma > mha; ṣya, ṣva > ssa.
ska, skha > kkha; sta, stha > ttha, ṭṭha; sna > ṇha; spa, spha > ppha; sma > mha; sya, sva > ssa.
hṇa, hna > ṇha; hma > mha; hya > jjha; hla > lha; hva > bbha.

Ardhamāgadhī < Sanskrit[1]

kka < *kya*, *kra*, kla, kva, ṭka, tka, *rka*, lka, ḥka.
kha < *kṣa*, khya, tkha, rkha, *ṣka*, ska, skha, ḥkha.
gga < gṇa, *gna*, gma, gya, *gra*, ḍga, dga, *rga*, lga.
ggha < ghra, dgha, rgha.
cca < *cya*, ṭca, *tya*, *rca*, *śca*.
ccha < kṣa, chra, tsa, thya, psa, rccha, śca.
jja < jya, jra, jva, ḍja, *dya*, bja, yya, *rja*, rya.
jjha < dhya, rjha, hya.
ṭṭa < ṭya, *rta*, *tta*.
ṭṭha < *ṣṭa*, *ṣṭha*, *sta*, *stha*, rtha.
ḍḍa < ḍya, rta.
ḍḍha < gdha, ḍhya, ddha, *rdha*.
ṇṇa < *jña*, *ṇya*, *ṇva*, *rṇa*.
ṇha < kṣṇa, *śna*, *ṣṇa*, sna, hṇa, hma.

[1] Die in der folgenden Tabelle kursiv gesetzten Sanskrit-Ligaturen gehören zu den am meisten verbreiteten und sind daher von den Studierenden vorzugsweise zu memorieren.

tta < *kta*, *tna*, *tra*, *tva*, pta, *rta*.
ttha < ktha, *rtha*, sta, *stha*.
dda < gda, *dra*, dva, bda, *rda*.
ddha < gdha, dhra, dhva, bdha, *rdha*.
nna < *jña*, *nya*, nva, mna, *rna*.
ppa < kpa, kma, tpa, pya, *pra*, pla, *rpa*, lpa, ḥpa.
ppha < tpha, lpha, *ṣpa*, ṣpha, *spa*, spha, ḥpha.
bba < dba, *bra*, rba, lba.
bbha < gbha, dbha, bhya, bhra, *rbha*, lbha, hva.
mma < nma, mya, mla, *rma*, *lma*.
mha < *śma*, *ṣma*, *sma*, hma, kṣma.
lla < *rla*, *lya*, lva.
lha < hla.
vva < dva, *rva*, vya, vra.
ssa < *rśa*, *śma*, *śya*, *śra*, śva, ṣya, ṣva, *sya*, *sra*, *sva*.

3. Deklination

Wenn die Studierenden sich hinreichend in der Phonologie auskennen, kann die Deklination in Angriff genommen werden. Den Studierenden sollte gesagt werden, dass nun die Schwierigkeiten deutlich zurückgehen, denn gegenüber dem Sanskrit beinhaltet die Deklination in der Ardhamāgadhī erheblich weniger Probleme. Es gibt nur noch sieben Kasus, da der Dativ weitgehend im Genitiv aufgegangen ist. Fast die gesamte – im Sanskrit so schwierige – konsonantische Deklination fällt weg. Nom. und Akk. Pl. fallen weitgehend zusammen. An die Stelle des Duals tritt der Plural. Es gibt nur noch fünf vokalische Deklinationsarten: auf *-a*, *-ā*, *-i*, *-ī*, *u* und *-ū*. Die Endungen sind mit Leichtigkeit den beigefügten Tabellen zu entnehmen.

3.1. Nomina

***a*-Deklination, masc.** („Gott“)		***a*-Deklination, nt.** („Wald“)	
	Singular		
Nom.	devo, (deve)	Nom.	vaṇaṁ
Akk.	devaṁ	Akk.	vaṇaṁ
Instr.	deveṇa	Instr.	vaṇeṇa
Abl.	devāo	Abl.	vaṇāo
Gen.	devassa	Gen.	vaṇassa
Lok.	deve, devaṁsi	Lok.	vaṇe
Vok.	deva	Vok.	vaṇaṁ

Plural

Nom.	devā	Nom.	vaṇāiṁ, vaṇāṇi
Akk.	deve	Akk.	vaṇāiṁ
Instr.	devehiṁ	Instr.	vaṇehiṁ
Abl.	devehiṁto	Abl.	vaṇehiṁto
Gen.	devāṇaṁ	Gen.	vaṇāṇaṁ
Lok.	devesuṁ	Lok.	vaṇesuṁ
Vok.	devā	Vok.	vaṇāiṁ

***ā*-Deklination, fem.** („Kranz")

	Singular	Plural
Nom.	mālā	mālāo
Akk.	mālaṁ	mālāo
Instr.	mālāe	mālāhiṁ
Abl.	mālāo	mālāhiṁto
Gen.	mālāe	mālāṇaṁ
Lok.	mālāe	mālāsuṁ
Vok.	māle, mālā	mālā

***i*-Deklination, masc.** („Mönch") ***i*-Deklination, nt.** („Sauermilch")

Singular

Nom.	muṇī	Nom.	dahiṁ
Akk.	muṇiṁ	Akk.	dahiṁ
Instr.	muṇiṇā	Instr.	dahiṇa
Abl.	muṇīo	Abl.	dahīo
Gen.	muṇiṇo	Gen.	dahiṇo
Lok.	muṇiṁsi	Lok.	dahiṁsi
Vok.	muṇi	Vok.	dahiṁ

Plural

Nom.	muṇiṇo	Nom.	dahīiṁ
Akk.	muṇiṇo	Akk.	dahīiṁ
Instr.	muṇīhiṁ	Instr.	dahīhiṁ
Abl.	muṇīhiṁto	Abl.	dahīhiṁto
Gen.	muṇiṇaṁ	Gen.	dahīṇaṁ
Lok.	muṇīsuṁ	Lok.	dahīsuṁ
Vok.	muṇiṇo	Vok.	dahīiṁ

i-**Deklination, fem.** („Liebe, Lust")		*ī*-**Deklination, fem.** („Erde, Land")	
	Singular		
Nom.	rāī	Nom.	mahī
Akk.	raiṁ	Akk.	mahiṁ
Instr.	raīe	Instr.	mahīe
Abl.	raīo	Abl.	mahīo
Gen.	raīe	Gen.	mahīe
Lok.	raiṁsi	Lok.	mahīe
Vok.	rai	Vok.	mahi
	Plural		
Nom.	raīo	Nom.	mahīo
Akk.	raīo	Akk.	mahīo
Instr.	raīhiṁ	Instr.	mahīhiṁ
Abl.	raīhiṁto	Abl.	mahīhiṁto
Gen.	raīṇaṁ	Gen.	mahīṇaṁ
Lok.	raīsuṁ	Lok.	mahīsuṁ
Vok.	raīo	Vok.	mahīo

u-**Deklination, masc.** („Heiliger")		*u*-**Deklination, nt.** („Honig")	
	Singular		
Nom.	sāhū	Nom.	mahuṁ
Akk.	sāhuṁ	Akk.	mahuṁ
Instr.	sāhuṇā	Instr.	mahuṇā
Abl.	sāhūo	Abl.	mahūo
Gen.	sāhuṇo	Gen.	mahuṇo
Lok.	sāhuṁsi	Lok.	mahuṁsi
Vok.	sāhu	Vok.	mahṁ
	Plural		
Nom.	sāhuṇo	Nom.	mahūiṁ
Akk.	sāhuṇo	Akk.	mahūiṁ
Instr.	sāhūhiṁ	Instr.	mahūhiṁ
Abl.	sāhūhiṁto	Abl.	mahūhiṁto
Gen.	sāhūṇaṁ	Gen.	mahūṇaṁ
Lok.	sāhūsuṁ	Lok.	mahūsuṁ
Vok.	sāhuṇo	Vok.	mahūiṁ

***u*-Deklination, fem.** („Milchkuh")		***ū*-Deklination, fem.** („Erde, Land")	
	Singular		
Nom.	dheṇū	Nom.	taṇū
Akk.	dheṇuṁ	Akk.	taṇuṁ
Instr.	dheṇūe	Instr.	taṇūe
Abl.	dheṇūo	Abl.	taṇūo
Gen.	dheṇūe	Gen.	taṇūe
Lok.	dheṇuṁsi	Lok.	taṇūe
Vok.	dheṇu	Vok.	taṇu
	Plural		
Nom.	dheṇūo	Nom.	taṇūo
Akk.	dheṇūo	Akk.	taṇūo
Instr.	dheṇūhiṁ	Instr.	taṇūhiṁ
Abl.	dheṇūhiṁto	Abl.	taṇūhiṁto
Gen.	dheṇūṇaṁ	Gen.	taṇūṇaṁ
Lok.	dheṇūsuṁ	Lok	taṇūsuṁ
Vok.	dheṇūo	Vok.	taṇūo

Auf einige spezielle Gegebenheiten sollte hingewiesen werden.

Häufig endet der Nom. Singular masc. auf *-e*. Skt. *puruṣaḥ* wird *purise*. Das ist ein Māgadhismus. Die Ardhamāgadhī heißt nicht umsonst Ardha-Māgadhī, also „Halb-Māgadhī". Als Mischsprache weist die Ardhamāgadhī eben auch noch Elemente der Māgadhī auf.

Der Lok. Singular masc. endet auf *-ṁsi*, was auf Skt. *-smin* (wie in *tasmin*) zurückgeht.

Bei Feminina endet der Nom. Plural auf *-āo*; aus *upāsakadaśāḥ* wird *uvāsagadasāo*.

Im Nom. Plural der Neutra wird aus der Endung *-āni* in der Ardhamāgadhī die Endung *-āiṁ*.

Im Abl. Plural geht das *-to* auf Skt. *-tas* zurück.

Alle Einzelheiten können die Studenten den Tabellen entnehmen.

Die konsonantische Deklination ist, wie schon bemerkt, nur noch in Resten vorhanden. Da aber die betreffenden Wörter in der Literatur ziemlich häufig vorkommen, sollten auch sie in tabellarischer Form den Studierenden vermittelt werden. Die wichtigsten hierher gehörenden Lexeme sind die folgenden:

kattā (< *kartr̥*) „Täter, Macher"; *piyā* (< *priyā*) „Gattin"; *māyā* (< *mātr̥*) „Mutter"; *rāyā* (< *rājan*) „König"; appā (< *ātman*) „Seele, Selbst"; *arahaṁta* (< *arhat*) „ehrwürdig, Erlöster".

Singular

Nom.	kattā	piyā	māyā
Akk.	kattāraṁ	piyaraṁ	māyaraṁ
Instr.	kattuṇā	piuṇā	māyāe
Abl.	kattārāo	piuṇo	māūe
Gen.	kattuṇo	piuṇo	māyāe
Lok.	kattāre	piyari	māyāe

Plural

Nom.	kattāro	piyaro	māyaro
Akk.	kattāro	piyare	māyaro
Instr.	kattārehiṁ	piūhiṁ	māyāhiṁ
Abl.	kattārehiṁto	piūhiṁto	māīhiṁto
Gen.	kattārāṇaṁ	piūṇaṁ	māīṇaṁ
Lok.	kattāresuṁ	piūsuṁ	māīsuṁ

Singular

Nom.	rāyā	appā, āyā	arahaṁ
Akk.	rāyāṇaṁ	appāṇaṁ	arahaṁtaṁ
Instr.	raṇṇā	appaṇā	arahayā
Abl.	rāiṇo	appao	arahao
Gen.	rāiṇo, ranno	appaṇo	arahao
Lok.	rāyaṁsi	appaṇi, attaṇi	arahaṁte

Plural

Nom.	rāyāṇo	appāṇō	arahaṁto
Akk.	rāyāṇo	appāṇo	arahaṁte
Instr.	rāīhiṁ	appāṇehiṁ	arahaṁtehiṁ
Abl.	rāīhiṁto	appāṇehiṁto	arahaṁtehiṁto
Gen.	rāīṇaṁ	appāṇaṁ (?)	arahaṁtāṇaṁ
Lok.	rāīsuṁ	appesuṁ (?)	arahaṁtesuṁ

Die Pronomina personalia, demonstrativa und interrogativa brauchen nicht eigens gelehrt zu werden; die Studierenden können sie den folgenden Tabellen mühelos entnehmen. Es ist auch nicht erforderlich, dass alle diese Formen auswendig gelernt werden. Lediglich mit den Demonstrativpronomina sollten sich die Studierenden möglichst eingehend beschäftigen.

3.2. Pronomina

Pronomina personalia

1. Pers. Singular		1. Pers. Plural	
Nom.	ahaṁ	Nom.	amhe
Akk.	mamaṁ	Akk.	amhe
Instr.	mae	Instr.	amhehiṁ
Abl.	mamāo	Abl.	amhehiṁto
Gen.	maha	Gen.	amhāṇaṁ
Lok.	mai	Lok.	amhesuṁ

2. Pers. Singular		2. Pers. Plural	
Nom.	tumaṁ	Nom.	tumhe
Akk.	tumaṁ	Akk.	tumhe
Instr.	tae	Instr.	tumhehiṁ
Abl.	tumāo	Abl.	tumhehiṁto
Gen.	tuha	Gen.	tumhāṇaṁ
Lok.	tai	Lok.	tumhesuṁ

Pronomen demonstrativum

Pronomen demonstrativum masc.

Singular		Plural	
Nom.	so, eso	Nom.	te, ee
Akk.	taṁ, eyaṁ	Akk.	te, ee
Instr.	teṇaṁ, eeṇaṁ	Instr.	tehiṁ, eehiṁ
Abl.	tāo, eyāo	Abl.	tehiṁto, eehiṁto
Gen.	tassa, eyassa	Gen.	tesiṁ, eesiṁ
Lok.	taṁsi, eyaṁsi	Lok.	tesuṁ, eesuṁ

Pronomen demonstrativum nt.

Singular		Plural	
Nom.	taṁ, eyaṁ	Nom.	tāiṁ, eyāiṁ
Akk.	taṁ, eyaṁ	Akk.	tāiṁ, eyāiṁ
Instr.	teṇaṁ, eeṇaṁ	Instr.	tehiṁ, eehiṁ
Abl.	tāo, eyāo	Abl.	tehiṁto, eehiṁto
Gen.	tassa, eyassa	Gen.	tesiṁ, eesiṁ
Lok.	taṁsi, eyaṁsi	Lok.	tesuṁ, eesuṁ

Pronomen demonstrativum fem.

Singular		Plural	
Nom.	sā, esā	Nom.	tāo, eyāo
Akk.	taṁ, eyaṁ	Akk.	tāao, eyāo
Instr.	tāe, eyāe	Instr.	tāhiṁ, eyāhiṁ
Abl.	tāo, eyāo	Abl.	tāhiṁto, eyāhiṁto
Gen.	tāe, eyāe	Gen.	tāsiṁ, eyāsiṁ
Lok.	tīe, eyīe	Lok.	tāsuṁ, eyāsuṁ

Pronomen interrogativum et relativum

Pronomen interrogativum et relativum masc.

Singular		Plural	
Nom.	ko / jo	Nom.	ke / je
Akk.	kaṁ / jaṁ	Akk.	ke / je
Instr.	keṇa / jeṇa	Instr.	kehiṁ / jehiṁ
Abl.	kāo / jāo	Abl.	kehiṁto / jehiṁto
Gen.	kassa / jassa	Gen.	kesiṁ / jesiṁ
Lok.	kaṁsi, / jaṁsi	Lok.	kesuṁ / jesuṁ

Pronomen interrogativum et relativum nt.

Singular		Plural	
Nom.	kiṁ / jaṁ	Nom.	kāiṁ / jāiṁ
Akk.	kiṁ / jaṁ	Akk.	kāiṁ / jāiṁ
Instr.	keṇa / jeṇa	Instr.	kehiṁ / jehiṁ
Abl.	kāo / jāo	Abl.	kehiṁto / jehiṁto
Gen.	kassa / jassa	Gen.	kesiṁ / jesiṁ
Lok.	kaṁsi / jaṁsi	Lok.	kesuṁ / jesuṁ

Pronomen interrogativum et relativum fem.

Singular		Plural	
Nom.	kā / jā	Nom.	kāo / jāo
Akk.	kaṁ / jaṁ	Akk.	kāo / jāo
Instr.	kāe / jāe	Instr.	kāhiṁ / jāhiṁ
Abl.	kāo / jāo	Abl.	kāhiṁto, / jāhiṁto
Gen.	kāe / jāe	Gen.	kāsiṁ / jāsiṁ
Lok.	kāe / jāe	Lok.	kāsuṁ / jāsuṁ

4. Konjugation

Die Konjugation ist gegenüber dem Sanskrit noch stärker vereinfacht als die Deklination. Einen Dual gibt es nicht mehr. Das Medium ist fast ganz geschwunden. Außer den Formen *āhu* (Singular) und *āhaṁsu* (Plural) gibt es auch kein Perfekt mehr. Imperfekt und asigmatischer Aorist fallen zusammen; das Augment verschwindet. Es bleiben – mit dem Futurum – nur noch drei Tempora. Als Präteritumsform dringt das Part. Prät. Pass. (PPP) vor. Erhalten bleiben Imperativ, Optativ, Partizipien, Infinitiv, Absolutiv und Gerundivum. Die Präsensklassen des Sanskrit gibt es nicht mehr. Die Verben erscheinen – anders als im Pāli – wieder als eine Art von „Wurzeln", wenn auch nicht mehr im Sinne des Sanskrit. Man teilt sie rein konventionell in drei Klassen ein:

Klasse I: Endung auf *-a* (am meisten vertreten);
Klasse II: an die Stelle des *-a* tritt vor der Personalendung *-e*;
Klasse III: Endung auf *-ā*, *-e*, *-o*.

Eine besondere Konjugation hat das Hilfszeitwort *as* „sein".Diese Formen müssen sich die Studierenden wegen ihrer Häufigkeit einprägen. In der folgenden kleinen Tabelle sind die Personalpronomina in Klammern gesetzt:

Singular	Plural
1. Pers. (ahaṁ) aṁsi, mi	(amhe) mo, mu
2. Pers. (tumaṁ) asi, si	(tumhe) ttha
3. Pers. (so, se, sā, taṁ) atthi	(te, tāo) santi.

Alle Formen gehen aus den folgenden Tabellen hervor. Der Lehrende sollte die Studierenden auf folgende Formen aufmerksam machen:
Im Optativ wird *syāt* zu *siyā* und *kuryāt* zu *kujjā*.
Im Absolutiv (Gerundium) wird die Sanskrit-Endung *-tvā* zu *-ttā*, also: *bhavittā*, *karittā*; aus *-tya* wird *-ccā*.
Im Gerundivum wird *-anīya* zu *-aṇijja*: *karaṇijja*. Daneben gibt es auch die Endung *-yavva* (aus *-tavya*): *pāsiyavva*.
Der Infinitiv endet auf *-ttae*, *-ettae*, *-ittae*: *gacchittae*. „Wurzeln" auf *-ā*, *-e* und *-o* nehmen aber *-uṁ* (< *-tum*): *dāuṁ* „zu geben", *kāuṁ* „zu tun".
Eine besonders häufige und wichtige Form ist das PPP; mit diesem müssen sich die Studierenden eingehend befassen. Gebildet wird es auf *-iya* (< *-ta*, *-ita*): *bhaṇiya* „gesprochen", *pucchiya* „gefragt", *paḍiya* „gefallen".

Wie im Sanskrit gibt es hier auch in der Ardhamāgadhī zahlreiche Unregelmäßigkeiten, etwa: *gaya* „gegangen“, *laddha* „erhalten“, *gīya* „gesungen“, *haya* „getötet“ (von *haṇa*), *kaya* „getan“ (von *kara*), *dinna* „gegeben“ (von *dā*), *diṭṭha* gesehen (von *pāsa*), *paviṭṭha* „eingetreten“ (von *pavisa*), *vutta* „gesprochen“ (von *vaya*) und manche andere.

Klasse I (*pāsa* „sehen“)

Präsens	Indikativ	Imperativ	Optativ
Singular			
1. Pers.	pāsāmi	pāsāmu	pāsejjāmi
2. Pers.	pāsasi	pāsāsu, pāsāhi, pāsa	pāsejjāsi
3. Pers.	pāsai	pāsāu	pāsejjā, pāse
Plural			
1. Pers.	pāsāmo	pāsāmo	pāsejjāma
2. Pers.	pāsaha	pāsaha	pāsejjāha
3. Pers.	pāsanti	pāsantu	pāsejjā

	Futurum	Präteritum
Singular		
1. Pers.	pāsissāmi, pāsihimi	pāsitthā
2. Pers.	pāsissasi, pāsihisi	pāsitthā
3. Pers.	pāsissai, pāsihii	pāsitthā
Plural		
1. Pers.	pāsissāmo, pāsihimo	pāsiṁsu
2. Pers.	pāsissaha, pāsihiha	pāsiṁsu
3. Pers.	pāsissanti, pāsihinti	pāsiṁsu

Passiv: pāsijja, dīsa.

Kausativ: pāsave, dāve.

Infinitiv: pāsiuṁ, pāsittae.

Partizipien: Part. Präs. Aktiv: pāsanta; Part. Präs. Medium: pāsamāṇa; Part. Prät. Pass. pāsiya, diṭṭha.

Gerundivum: pāsaṇijja, pāsiyavva.

Gerundium: pāsittā, pāsiūṇa.

Klasse II (*kara* „machen“)

Präsens	Indikativ	Imperativ	Optativ
Singular			
1. Pers.	karemi	karemu	karejjāmi
2. Pers.	karesi	karesu, karehi, kara	karejjāsi
3. Pers.	karei	kareu	karejjā, kujjā
Plural			
1. Pers.	karemo	karemo	karejjāma
2. Pers.	kareha	kareha	karejjāha
3. Pers.	karenti	karentu	karejjā

	Futurum	Präteritum
Singular		
1. Pers.	karissāmi, kāhimi	karitthā
2. Pers.	karissasi, kāhisi	karitthā
3. Pers.	karissai, kāhii	karitthā
Plural		
1. Pers.	karissāmo, kāhimo	kariṁsu
2. Pers.	karissaha, kāhiha	kariṁsu
3. Pers.	karissanti, kāhinti	kariṁsu

Passiv: karijja, kijja.

Kausativ: karāve, kāre.

Infinitiv: kariuṁ, karittae.

Partizipien: Part. Präs. Aktiv: karanta / karenta; Part. Präs. Medium: karamāṇa / karemāṇa; Part. Prät. Pass. kaya, kariya.

Gerundivum: karaṇijja, kāyavva.

Gerundium: karittā, kariūṇa.

Klasse III (*-ā* / *-o*) (*gā* „singen“)

Präsens	Indikativ	Imperativ	Optativ
Singular			
1. Pers.	gā(yā)mi	gā(yā)mu	gāejjāmi
2. Pers.	gā(ya)si	gā(ya)su, gā(yā)hi	gāejjāsi
3. Pers.	gā(ya)i	gāyau	gāejjā
Plural			
1. Pers.	gā(yā)mo	gā(yā)mo	gāejjāma
2. Pers.	gā(ya)ha	gā(ya)ha	gāejjāha
3. Pers.	gāyanti	gāyantu	gāejjā

	Futurum	Präteritum
Singular		
1. Pers.	gāissāmi, gāhimi	gāitthā
2. Pers.	gāissasi, gāhisi	gāitthā
3. Pers.	gāissai, gāhii	gāitthā
Plural		
1. Pers.	gāissāmo, gāhimo	gāiṁsu
2. Pers.	gāissaha, gāhiha	gāiṁsu
3. Pers.	gāissanti, gāhinti	gāiṁsu

Passiv: gāijja.

Kausativ: gāve.

Infinitiv: gāuṁ, gāittae.

Partizipien: Part. Präs. Aktiv: gāyanta; Part. Präs. Medium: gāyamāṇa; Part. Prät. Pass. gīya, gāiya.

Gerundivum: gāyaṇijja, gāiyavva.

Gerundium: gāittā, gāiūṇa.

Klasse III (*-e*) (*ne* „bringen, führen")

Präsens	Indikativ	Imperativ	Optativ
Singular			
1. Pers.	nemi	nemu	nejjāmi
2. Pers.	nesi	nesu, nehi	nejjāsi
3. Pers.	nei	neu	nejjā
Plural			
1. Pers.	nemo	nemo	nejjāma
2. Pers.	neha	neha	nejjāha
3. Pers.	nenti	nentu	nejjā

	Futurum	Präteritum
Singular		
1. Pers.	ne(i)ssāmi, nehimi	neitthā
2. Pers.	ne(i)ssasi, nehisi	neitthā
3. Pers.	ne(i)ssai, nehii	neitthā
Plural		
1. Pers.	ne(i)ssāmo, nehimo	neiṁsu
2. Pers.	ne(i)ssaha, nehiha	neiṁsu
3. Pers.	ne(i)ssanti, nehinti	neiṁsu

Passiv: nejja.

Kausativ: neyāve.

Infinitiv: neuṁ, neittae.

Partizipien: Part. Präs. Aktiv: nenta; Part. Präs. Medium: nicht überliefert; Part. Prät. Pass. nīya, neiya.

Gerundivum: nejja, neiyavva.

Gerundium: neittā, neiūṇa.

Nach der Behandlung der in den Tabellen gegebenen Formen empfiehlt es sich, die Verbalpräfixe zu besprechen und zwar nicht in Raten, sondern sämtliche auf einmal. Sie sind in der folgenden Übersicht aufgelistet. Die Bedeutungen sind aus dem Sanskrit bekannt.

ai- (< ati-)
aṇu- (< anu-)
ava- (< apa-)
abhi- (< abhi-)
ava- (< ava-, also wie bei apa-)
ā- (< ā-)
ud- (< ud-)
uva- (< upa-)
dus- (< dus-)
ṇis- (< nis-)
pari- (< pari-)
paḍi- (< prati-)
vi- (< vi-)
saṁ- (< sam-)
su- (< su-)

Haben sich die Studierenden mit der Flexionslehre hinreichend vertraut gemacht, sollten sie die hier aufgelisteten einfachen Sätze ohne größere Hilfe übersetzen können. Hier wurde auf eine Übersetzung verzichtet, da sich dieses Buch an die *Hochschullehrer* wendet, die natürlich mit dem Stoff vertraut sein müssen. Die Sätze sind so ausgewählt, dass jeder von ihnen einen grammatischen Sachverhalt enthält, der damit geübt und vertieft werden soll.

So steht der Satz *siṁho vagghāo seṭṭho* für den Abl. Singular, *atthi teṇa saha vattavvaṁ kiṁ pi* für das Gerundivum, *kiṁ paraṁ maraṇaṁ siyā* für eine häufige Optativform.

rāmo nayarāo patthio.
dāhiṇāo disāo āgao aṁsi.
suttā amuṇī muṇiṇo sayayaṁ jāgaranti.
samaṇo kammaṁ khavittā mokkhaṁ gacchai.
goyamo silogaṁ suṇiūṇa pucchai.
je māyaraṁ va piyaraṁ ca posenti to loe pasaṁsaṇijjā bhavanti.
savve pāṇā na hantavvā.
tumhehiṁ ujjāṇe gaṁtavvaṁ.
so vi na sakkai coraṁ geṇhiuṁ.
so bhikkhaṁ laddhuṁ arihai.
bahuṁ suṇei kaṇṇehiṁ bahuṁ acchīhi pecchai.
purise suvanna tolei.
diṇe diṇe āicco udei.
janā mahuraṁ annaṁ.
bhakkhanti suyaṇo pharusaṁ vayaṇaṁ na bhaṇai.
kiṁkaro aḍaṁ khaṇai.
putto āyariyaṁ pasiṇe pucchai.

mandaṁ parakkame bhayavaṁ.
so khaggeṇa vagghaṁ haṇai.
so saṁvacchareṇa paccāgacchai.
teṇaṁ kāleṇaṁ teṇaṁ samaeṇaṁ kuṇḍaggāme nayare siddhattho nāmaṁ khattio hotthā.
siṁho vagghāo seṭṭho.
vāṇaro rukkhāo rukkhaṁ gacchai.
samaṇavatthāṇi dussīlaṁ na tāyanti.
tassa ya rāiṇo satta taṇayā.
kiṁ natthi mama jaṁ annarāīṇam atthi.
tavesu vā uttamaṁ baṁbhaceraṁ.
na carejja vāse vāsante.
paḍanti narae ghore je narā pāvakāriṇo.
kiṁ iha ṭhio si.
keṇai kāraṇeṇa so āgao.
atthi teṇa saha vattavvaṁ kiṁ pi.
atthi kovi je maṁ sikkhāvei.
jammaṁ dukkhaṁ jarā dukkhaṁ.
māyaraṁ piyaraṁ posa.
vejjo gilāṇassa osahaṁ deu.
savve jīvā siddhiṁ pāuṇantu.
ajāṇao me muṇi būhi.
kiṁ paraṁ maraṇaṁ siyā.
udagassa phāseṇa siyā ya siddhī sijjhiṁsu pāṇā bahava dagaṁsi.
sāhuṇā dhammo kahijjai.
bhārahe vāse rāyagihaṁ nāma ṇayaraṁ vijjai.
bālā imaṁ vayaṇaṁ abbavī.
mā ya caṇḍaliyaṁ kāsi.
evaṁ suhī hohisi saṁparāe.
adinnaṁ samaṇā appaṇā na geṇhanti no ya paraṁ geṇhāventi.
saṁtuṭṭhamaṇasā dijjamāṇāiṁ dāṇāiṁ ahiyayaraṁ puṇṇaṁ pasavanti.
vaṇīmageṇa annaṁ bhakkhiyaṁ.
vaggheṇa migo diṭṭho.

Nachdem diese relativ einfachen Sitze gründlich besprochen und ausgewertet wurden, soll unverzüglich die Originalliteratur in Angriff genommen werden. Diese ist untrennbar mit dem Jinismus verbunden, so dass der Lehrende hier auf jeden Fall den religionsgeschichtlichen Hintergrund einbeziehen sollte. Es kann mit einem einigermaßen leichten Text begonnen werden. Dazu empfiehlt sich der folgende kurze Abschnitt aus dem *Dasaveyāliya* (< *Daśavaikālika*). Interpretiert wird dieser Titel gewöhnlich als „Zehn (Kapitel) über die (vorgeschriebene Studien-)Zeit hinaus." In Wirklichkeit umfasst das Werk jedoch zwölf Kapitel; die letzten beiden sind Nachträge. Im *Wörterbuch des kanonischen Jinismus* des Verf. sollten sich die Studierenden hierüber weiter informieren. Das *Dasaveyāliya* ist der Name des dritten *Mūlasutta*. Traditionell gilt als Verfasser Sejjaṁbhava (< Śayyambhava). Er wollte seinem Sohn Maṇaga, der nur noch sechs Monate zu leben hatte, die Grundbegriffe der Jaina-Lehre nahebringen. Es handelt sich also weniger um das Resultat originellen Denkens als um eine Kompilation.

Nichtsdestoweniger ist das Werk eine vorzügliche Einführung in den Jinismus. Der Inhalt besteht hauptsächlich aus Regeln zum Mönchsleben. Im Mittelpunkt stehen die Arten des Almosennehmens, die rechte Rede, das Verhalten der Schüler zum Lehrer, die Nichtschädigung von Lebewesen und die Gefahr des Rückfalls ins weltliche Leben.

Hier muss nun noch ein weiterer Gesichtspunkt erörtert werden. Die Studierenden sind in gewisser Weise „verwöhnt", indem sie bisher die Ardhamāgadhī-Wörter und -Texte stets in Transkription gelesen haben. Die kanonischen Jaina-Texte liegen aber vielfach auch in Devanāgarī-Schrift vor. Daher müssen sich die Studierenden daran gewöhnen, Ardhamāgadhī-Texte auch in dieser Schrift zu lesen. Am Anfang wird es Irritationen geben, einen in Devanāgarī gehaltenen Text zu lesen, der nicht in Sanskrit, sondern in einer anderen Sprache verfasst wurde. Doch muss diese Hürde überwunden werden. Zur Erleichterung erscheint die folgende Textprobe in besonders großer, gut lesbarer Schrift.

5. Texte

5.1. दशवैकालिकसूत्रम्

(दुमपुप्फिया)

॥ प्रथममध्ययनम् ॥

धम्मो मङ्गलमुक्कट्ठं अहिंसा संजमो तवो ।
देवा वि तं नमंसन्ति जस्स धम्मे सया मणो ॥ १ ॥

जहा दुमस्स पुप्फेसु भमरो आवियइ रसं ।
न य पुप्फं किलामेइ सो य पीणेइ अप्पयं ॥ २ ॥
एमेए समणा मुत्ता जे लोए सन्ति साहुणो ।
विहंगमा व पुप्फेसु दाण-भत्तेसणे रया ॥ ३ ॥
वयं च वित्तिं लब्भामो न य कोइ उवहम्मई ।
अहागडेसु रीयन्ते पुप्फेसु भमरा जहा ॥ ४ ॥
महुकार-समा बुद्धा जे भवन्ति अणिस्सिया ।
नाणा-पिण्ड-रयादन्ता, तेण वच्चन्ति साहुणो ॥५॥ त्ति बेमि

Die Studierenden müssen jetzt ständig mit dem Wörterbuch arbeiten. Die Zahl der Erläuterungen kann jetzt reduziert und auf das Notwendige beschränkt werden.

In der Überschrift *dumapupphiyā* < *drumapuṣpikā* „Baumblüten betreffend“ wird auf eine im Folgenden betriebene Allegorie mit Baumblüten hingewiesen.

1. *ukkaṭṭha* < *utkr̥ṣṭa* „ausgezeichnet“. Wie so oft, muss das Hilfszeitwort ergänzt werden.
Was *dhamma* < *dharma* im Einzelnen bedeutet, wird anschließend ausgeführt; es sind also etwa die Worte „es umfasst“ zu ergänzen. Der Lehrende sollte hier einen Exkurs über *ahiṁsā* und deren Rolle in den ethischen Vorstellungen M. K. Gandhis einschalten.
tava < *tapas* ist die „Askese“.
vi < *api* „sogar“.
namaṁsanti geht auf das Denominativ *namasya* zurück.
jassa < *yasya* „dessen“.
sayā < *sadā*.
Um den Satz sinnvoll zu gestalten, muss wieder etwas ergänzt werden, etwa: „gerichtet ist“.

2. In der nächsten Zeile bietet nur *āviyai* Schwierigkeiten. Die *chāyā* lautet *āpibati*. In der Ardhamāgadhī ist das Wort *pī* (III) oder *pia* (I) zuzuordnen; der Sinn ist „schlürfen“.

kilāmei (II) ist Anaptyxe aus *klam* „auslaugen“. Damit aber ein Sinn entsteht, ist das Wort „vollständig“ einzuschieben.
pīṇei < *prīṇayati* ist Kausativ zu *pī* (III). Die Bedeutung ist „erfreuen“, hier vielleicht besser „sättigen“.
appayaṁ < *ātmānam* „sich selbst“.

3. *ee* < *ete* „diese“.
samaṇa < *śramaṇa*.
muttā < *muktvā* ist Absolutiv.
Die Form *loe* ist als Lokativ schlecht überliefert und jedenfalls verderbt, denn selbstverständlich wäre ein Ablativ zu erwarten.
bhatta < *bhakta* ist die „Nahrung“ und *esaṇa* < *eṣaṇā* die „Suche“.
vihaṁgamā sind hier die Bienen, die durch Blüten(-Nektar) zufrieden gestellt werden: *rayā* < *ratāḥ*.

4. *vitti* < *vr̥tti*, der „Lebensunterhalt“.
na ya koi < *na kaścit* „niemand“.
uvahammai < *upahanyate* ist Passiv von „schädigen“.
ahāgaḍa ist schwierig und bedarf der Erläuterung. Die *chāyā* ist *yathākr̥ta*, ein adjektivischer Jaina-Terminus: „(für einen Mönch) zubereitete (Speise)“.
rīyante „sie gehen“.

5. *mahukāra* < *madhukāra* „Biene“. Wieder ist ein Hilfszeitwort zu ergänzen, denn die Weisen werden mit Bienen verglichen.
Sie sind *aṇissiyā* < *aniśritāḥ*, also „auf nichts gestützt“, weder auf Familie noch auf Häuslichkeit; sie haben sich von aller Begierde losgelöst.
nāṇa ist eigentlich „mannigfaltig“; am besten würde engl. „whatsoever“ passen. Sie sind mit jeder Art von Almosenspeise zufrieden.
dantā für „selbstbeherrscht“ ist allerdings keine korrekte Ardhamāgadhī; besser wäre *damiya* zu *dam* (II).
vaccanti < *ucyante* ist Passiv.
tti steht für *iti*, und *bemi* ist aus *bravīmi* kontrahiert; in der Ardhamāgadhī lautet die ‚Wurzel‘ *bū* (III).

Als nächstes kann ein Textausschnitt aus dem *Sūyagaḍaṁga* gelesen werden. Auch hier sollten die Studierenden zunächst mit der literatur- und religionsgeschichtlichen Bedeutung dieses Werkes vertraut gemacht werden.
Die *chāyā* dieses Titels ist bis heute ungewiss. Die lange Zeit und auch von einem großen Gelehrten wie Hermann Jacobi gebrauchte Form *sūtrakr̥tāṅga* ist jedenfalls unrichtig. Nicht gesichert ist auch die Form *sūcākr̥tāṅga*, die man als „Unterscheidung zwischen richtiger und falscher Lehre“ interpretieren könnte. In

der Tat würde eine solche Deutung gut zur Thematik dieses zweiten Aṁga passen, das zu den vier ältesten Werken des Jaina-Kanons gehört. Im Vordergrund stehen Warnungen und Ermahnungen besonders an die jungen Mönche, die damit gegen Anfechtungen und Verführungen, auch durch abweichende Lehren, gefeit werden sollen. In der Hauptsache zählten dazu – ähnlich wie im älteren Buddhismus – die Bitten und Widersprüche von Familienangehörigen, die weltlichen Ehren und Reichtümer und vor allem die Frauen. Die misogyne Haltung der Jainas übertrifft noch die der Buddhisten.

Sie ist so typisch, dass ein Ausschnitt aus *Sūyagaḍaṁga* I, 4, 1 gelesen werden sollte. Dieser Abschnitt heißt *Itthīpariṇṇā*; die *chāyā* lautet *Strīparijñā*. Da aber in der Ardhamāgadhī niemals drei Konsonanten am Wortbeginn stehen können, erfolgt als Auflockerung durch das *i* eine Prothesis. Man könnte den Text auch über den hier gegebenen Ausschnitt hinaus weiterlesen, doch empfiehlt sich das nicht, und zwar wegen der vielen singulären Vokabeln, die die Studierenden zu sehr belasten würden.

5.2. Iṭṭhīpariṇṇā

01. je māyaraṁ ca piyaraṁ ca / vippajahāi puvva-saṁjōgaṁ
„ēge 'sahiē carissāmi / āraya-mēhuṇō vivittēsi",
02. suhumēṇā taṁ parakkamma / channa-paēṇa itthiō mandā
uvāyā tāo jāṇiṁsu, / jaha lissanti bhikkhuṇō ēge.
03. pāsē bhisaṁ nisīyanti, / abhikkhaṇaṁ, pōsa-vatthā parihinti,
kāyaṁ ahē vi daṁsanti, / bāhum uddhaṭṭu kakkham aṇuvvae.
04. sayaṇāsaṇēhī jōgēhī / itthiō ēgayā nimantenti:
ēyāṇi cēva sē jāṇē / pāsāṇi virūva-rūvāṇi.
05. nō tāsu cakkhu saṁdhejjā / nō vi ya sāhasaṁ samabhijāṇe,
nō saddhiyaṁ pi viharejjā: / ēvam appā surakkhiō hōi.
06. āmantiya-ussaviyaṁ vā / bhikkhum āyasā nimantenti:
ēyāṇi cēva sē jāṇē / saddāṇi virūva-rūvāṇi.
07. maṇa-bandhaṇēhi ṇēgēhī / kaluṇa-viṇīyam uvagasittāṇaṁ
adu manjulāī bhāsanti, / āṇavayanti bhinna-kahāhī.
08. sīhaṁ jahā va kuṇimēṇā / nibbhayam egacaraṁ ti pāsēṇā,
ēv' itthiyāo bandhanti / saṁvuḍaṁ ēgaīyam aṇagāraṁ.
09. aha tattha puṇō namayantī / rahakārō va nēmim aṇupuvvaṁ;
baddhē miē va pāsēṇā / phandantē na muccaē tāhe.
10. aha sē' ṇutappaī pacchā / bhoccā pāyasaṁ va visa-missaṁ.
ēvaṁ vivēgam ādāya / saṁvāsō na kappaē davie.
11. tamhā u vajjaē itthī / visa-littaṁ va kaṇṭagaṁ naccā.

ōē kulāṇa vasa-vattī – / āghāē na sē vi nigganthe.
12. jē ēyam uncham aṇu giddhā, / annayarā hu tē kusīlāṇaṁ;
sutavassiē vi sē bhikkhū / nō viharejja sahaṇam itthīsu.
13. avi dhūyarāhi suṇhāhī / dhāīhī aduva dāsīhī
mahaīhī vi kumārīhī / saṁthavā sē na kujja aṇagāre.

01. *vippajahāi* < *viprajahāti* „verlässt". Zu ergänzen ist „wie auch". Da hier eine direkte Rede beginnt, bedarf es auch hier einer Ergänzung, etwa „und sich entschließt".
'sahie < *a-sahita* „ohne Gefährten".
āraya < *ārata* zu *ram*; hier: „geschwunden".
vivitta < *vivikta* „einsam, isoliert".

02. Und schon beginnt die Verführung.
suhuma < *sūkṣma*, in Verbindung mit *paeṇa* „mit leisem Schritt".
manda ist vedisch *mandrá* „lieblich".
In der folgenden Zeile sollte „seit langem" ergänzt werden.
lissanti könnte auf *liś* (IV) Medium zurückgeführt werden in der Bedeutung „(moralisch) zusammenbrechen". Die lieblichen Frauen kannten die Mittel zur Untergrabung der Moral eines Mönchs.

03. *bhisaṁ* < *bhr̥śam* ist eigentlich nur „sehr". Aber in der hier geschilderten Situation kann es nur „eng", nämlich „auf Tuchfühlung", bedeuten.
posa-vatthā sind eigentlich ‚Wohlstand ausdrückende Kleider', hier einfach „Festkleider", die diese Frauen anziehen (*pari-dhā*).
ahe < *adhas*, in Verbindung mit *kāya* „Unterleib".
vi daṁsanti zu *dr̥ś* im Kausativ, also „sie lassen sehen".
Die folgende Stelle ist, wie das Metrum zeigt, verderbt.
aṇuvvae könnte auf *anu-vraj* zurückgehen; es könnte gemeint sein: Wenn die Frauen den Arm heben, rutscht das Kleid bis zur Achselhöhle hoch.

04. *ēgayā* < *ekadā* „bisweilen".
joga ist hier wohl nicht „passend", sondern im Hinblick auf Liegen und Sitze „bequem".
nimantenti < *nimantrayanti*.
jāṇe ist Optativ: „er möge erkennen".

05. *saṁdhejjā* ist ebenfalls Optativ. Auf diese – zu ergänzen ist: Frauen – soll er nicht das Auge (oder den Blick) richten.
sāhasa ist hier am besten mit „Zudringlichkeit" zu übersetzen.
saddhiya (Pāli *saddhiṁ*, vedisch *sadhryak*) „zusammen, gemeinsam".

pi < *api*.
surakkhio < *surakṣitaḥ* „wohlbehütet".

06. Es folgen zwei Absolutive, die hier besser mit „indem" als „nachdem" übersetzt werden sollten.
ussaviya < *viśvāsya* „vertrauensselig machen".
āyasā bleibt unklar; eine mögliche Deutung wäre *ātmasaḥ* „von sich aus".
virūva < *virūpa* „abscheulich"; dann wieder ein Optativ.

07. *ṇega* < *naika* „viele".
kaluṇa < *karuṇa*, doch muss „erweckend" ergänzt werden.
uvagasittā < *upakasitvā*. Die Absolutiv-Form muss umschrieben werden: „sie haben sich genähert". Zu ergänzen ist dann: „Worte".
āṇavayanti < *ānamayanti* „sie machen geneigt".
bhinna ist hier in Verbindung mit Reden „locker".

08. *kuṇima* < *kuṇapa* „Aas". Die Worte „anlockt" und „fesselt" sind jeweils zu ergänzen.
saṁvuḍa < *saṁvr̥ta* „verhüllt".
aṇagāra ist der „Unbehauste", also der (wie der Löwe einzeln gehende) „Wandermönch".

09. *namayanti* „sie beugen".
aṇupuvvaṁ < *anupūrvam* „Schritt für Schritt".
rahakāra < *rathakāra* „Wagenbauer".
Am Satzschluss muss „rundet" ergänzt werden.
mie < *mr̥gaḥ* ist Nominativ; das sollten die Studierenden erkennen.
phandante (besser wäre *phaṁdante*) ist Part. Präs.: „zappelnd".

10. *va* < *iva*.
bhoccā < *bhuktvā* ist Absolutiv: „genossen".
visa < *viṣa* „Gift".
Nach *ēvaṁ* muss „gilt" eingeschoben werden.
vivēga < *viveka* ist in jinistischem Sinne „der fromme Wandel". Es geht hier natürlich um den Umgang mit Frauen, was zu ergänzen wäre.
kappaē < *kalpate* „geeignet sein".
davie (besser wäre: *daviye*) „zur Erlösung".

11. *tamhā* < *tasmāt*.
vajja < *varjya* ist als Gerundivum aufzufassen: „zu meiden".
litta < *lipta* ist ein PPP und *visalitta* ein Tatpuruṣa.

naccā < *jñātvā* ist Absolutiv „erkannt habend“.

ōē zu *oo* < *ojas*; zum Verständnis ist jedoch einiges zu ergänzen: „auch wenn ein Mönch stark ist, …“.

kulāṇa vasa-vattī bedeutet: „unter familiärem Einfluss stehend“.

niggaṁtha < *nirgrantha* „Fesselloser“, ein häufiges Epitheton für einen jinistischen Mönch.

āghāe < *ākhyāta*.

12. *uncha* < *uṁcha* sind „kleine Almosen“; hier ist das wohl ironisch gemeint.

hu < *khu* „fürwahr“.

annayara < *anyatara* „einer von zweien“.

sutavassiē < *sutapasvin* „sehr bußfertig“.

viharejja ist Optativ und *itthīsu* Lokativ.

13. *avi* < *api*.

Die folgenden im Instr. stehenden Nomina können alle dem Wörterbuch entnommen werden.

dhāī < *dhātrī* ist die „Amme“.

aduva < *athavā*.

saṁthavā < *saṁstava*, hier am besten mit „Vertrautheit“ wiederzugeben.

kujja < *kuryāt* ist Optativ von *kara*.

Das *Dasaveyāliyasutta* wurde bereits besprochen. Es ist also nicht notwendig, seine literaturgeschichtliche Position nochmals zu erläutern. Hier folgt jetzt ein umfangreicher Auszug aus dem vierten Abschnitt des ersten Kapitels. Der Text führt die Studierenden noch näher an die Grundvorstellungen des Jinismus heran und bietet ihnen durch die vielen Wiederholungen (die für die jinistische wie auch für die altbuddhistische Literatur typisch sind) eine bedeutende Erleichterung.

Die Schreibweise *chajjīvaṇiyā* < *ṣaḍ jīvanikāyāḥ* ist allerdings fraglich; eher ergibt sich eine Ableitung aus *jīvana*: „Über die sechs (Gruppen von) Seelen.“

5.3. दसवेयालियसुत्तम् : छज्जीवणिया

॥ चतुर्थमध्ययनम् ॥

(छज्जीवणिया.)

॥ चतुर्थमध्ययनम् ॥

सुयं मे आउसं तेणं भगवया एवमक्खायं ।
इह खलु छज्जीवणिया नामज्झयणं समणेणं भगवया महावीरेणं कासवेणं पवेइया सुयक्खाया सुपन्नत्ता ।
सेयम्मे अहिज्जिउं ॥ अज्झयणं धम्मपन्नत्ती ॥
कयरा खलु सा छज्जीवणिया नामज्झयणं समणेणं भगवया महावीरेणं कासवेणं पवेइया सुयक्खाया सुपन्नत्ता?

इमा खलु सा छज्जीवणिया नामज्झयणं, तं जहा । पुढवि-काइया आउ-काइया तेउ-काइया वाउ-काइया वणस्सइ-काइया तस-काइया ॥

पुढवि चित्तमन्तक्खाया अणेग-जीवा पुढो-सत्ता अन्नत्थ सत्थ-परिणएणं, आउ चित्तमन्तक्खाया अणेग-जीवा पुढो-सत्ता अन्नत्थ सत्थ-परिणएणं,

तेउ चित्तमन्तक्खाया अणेग-जीवा पुढो-सत्ता अन्नत्थ सत्थ-परिणएणं, वाउ चित्तमन्तक्खाया अणेग-जीवा पुढो-सत्ता अन्नत्थ सत्थ-परिणएणं, वणस्सइ चित्तमन्तक्खाया अणेग-जीवा पुढो-सत्ता अन्नत्थ सत्थ-परिणएणं, तं जहा । अग्ग-बीया मूल-बीया पोर-बीया खन्ध-बीया बीय-रुहा सम्मुच्छिमा, तण-लया वणस्सइ-काइया स-बीया चित्तमन्तक्खाया अणेग-जीवा पुढो-सत्ता अन्नत्थ सत्य-परिणएणं ॥

से जे पुण इमे अणेगे बहवे तसा पाणा, तं जहा । अण्डया पोयया जराउया रसया संसेइमा सम्मुच्छिमा उब्भिया ओववाइया जेसिं केसिंचि पाणाणं अभिक्कन्तं पडिक्कन्तं संकुचियं पसारियं रुयं भन्तं तसियं पलाइयं आगइ-गइ-विन्नाया ॥

जे य कीड-पयङ्गा जा य कुन्थु-पिपीलिया सव्वे बेन्दिया सव्वे तेइन्दिया सव्वे चउरिन्दिया सव्वे पञ्चिन्दिया सव्वे तिरिक्ख-जोणिया सव्वे नेरइया सव्वे मणुया सव्वे देवा सव्वे पाणा परमाहम्मिया,

एसो खलु छट्ठो जीव-निकाओ तस-काओ त्ति पवुच्चई,

इच्चेसिं छण्हं जीव-निकायाणं नेव सयं दण्डं समारम्भेज्जा, नेवन्नेहिं दण्डं समारम्भावेज्जा, दण्डं

समारम्भन्ते वि अन्ने न समणुजाणेज्जा ॥

जावज्जीवाए तिविहं तिविहेणं मणेणं वायाए काएणं न करेमि न कारवेमि करेन्तं पि अन्नं न समणुजाणामि, तस्स भन्ते पडिक्कमामि निन्दामि गरिहामि अप्पाणं वोसिरामि ॥

पढमे भन्ते महव्वए पाणाइवायाओ वेरमणं। सव्वं भन्ते पाणाइवायं पच्चक्खामि, से सुहुमं वा बायरं वा तसं वा थावरं वा। नेव सयं पाणे अइवाएज्जा, नेवन्नेहिं पाणे अइवायावेज्जा, पाणे अइवायन्ते वि अन्ने न समणुजाणेज्जा, जावज्जीवाए तिविहं तिविहेणं मणेणं वायाए काएणं न करेमि न कारवेमि करेन्तं पि अन्नं न समणुजाणामि, तस्स भन्ते पडिक्कमामि निन्दामि गरिहामि अप्पाणं वोसिरामि, पढमे भन्ते महव्वए उवट्ठिओ मि। सव्वाओ पाणाइवायाओ वेरमणं ॥ १ ॥

अहावरे दोच्चे भन्ते महव्वए मुसावायाओ वेरमणं। सव्वं भन्ते मुसावायं पच्चक्खामि, से कोहा वा लोहा वा भया वा हासा वा। नेव सयं मुसं वएज्जा, नेवन्नेहिं मुसं वायावेज्जा, मुसं वयन्ते वि अन्ने न समणुजाणेज्जा, जावज्जीवाए तिविहं तिविहेणं मणेणं

वायाए काएणं न करेमि न कारवेमि करेन्तं पि अन्नं न समणुजाणामि, तस्स भन्ते पडिक्कमामि निन्दामि गरिहामि अप्पाणं वोसिरामि, दोच्चे भन्ते महव्वए उवट्ठिओ मि । सव्वाओ मुसावायाओ वेरमणं ॥ २ ॥

अहावरे तच्चे भन्ते महव्वए अदिन्नादाणाओ वेरमणं। सव्वं भन्ते अदिन्नादाणं पच्चक्खामि, से गामे वा नगरे वा रन्ने वा अप्पं वा बहुं वा अणुं वा थूलं वा चित्तमन्तं वा अचित्तमन्तं वा। नेव सयं अदिन्नं गेण्हेज्जा, नेवन्नेहिं अदिन्नं गेण्हावेज्जा, अदिन्नं गेण्हन्ते वि अन्ने न समणुजाणेज्जा, जावज्जीवाए तिविहं तिविहेणं मणेणं वायाए काएणं न करेमि नं कारवेमि करेन्तं पि अन्नं न समणुजाणामि, तस्स भन्ते पडिक्कमामि निन्दामि गरिहामि अप्पाणं वोसिरामि, तच्चे भन्ते महव्वए उवट्ठिओ मि। सव्वाओ अदिन्नादाणओ वेरमणं ॥ ३ ॥

अहावरे चउत्थे भन्ते महव्वए मेहुणाओ वेरमणं। सव्वं भन्ते मेहुणं पच्चक्खामि, से दिव्वं वा माणुसं वा तिरिक्खजोणियं वा। नेव सयं मेहुणं सेवेज्जा, नेवन्नेहिं मेहुणं सेवावेज्जा, मेहुणं सेवन्ते वि अन्ने न समणुजाणेज्जा, जावज्जीवाए तिविहं तिविहेणं मणे-

णं वायाए काएणं न करेमि न कारवेमि करेन्तं पि अन्नं न समणुजाणामि, तस्स भन्ते पडिक्कमामि निन्दामि गरिहामि अप्पाणं वोसिरामि, चउत्थे भन्ते महव्वए उवट्ठिओ मि। सव्वाओ मेहुणाओ वेरमणं ॥४॥

अहावरे पञ्चमे भन्ते महव्वए परिग्गहाओ वेरमणं। सव्वं भन्ते परिग्गहं पच्चक्खामि, से अप्पं वा बहुं वा अणुं वा थूलं वा चित्तमन्तं वा अचित्तमन्तं वा। नेव सयं परिग्गहं परिगेण्हेज्जा, नेवन्नेहिं परिग्गहं परिगेण्हावेज्जा, परिग्गहं परिगेण्हन्ते वि अन्ने न समणुजाणेज्जा, जावज्जीवाए तिविहं तिविहेणं मणेणं वायाए काएणं न करेमि न कारवेमि करेन्तं पि अन्नं न समणुजाणामि, तस्स भन्ते पडिक्कमामि निन्दामि गरिहामि अप्पाणं वोसिरामि, पञ्चमे भन्ते महव्वए उवट्ठिओ मि। सव्वाओ परिग्गहाओ वेरमणं ॥ ५ ॥

अहावरे छट्ठे भन्ते वए राईभोयणाओ वेरमणं। सव्वं भन्ते राईभोयणं पच्चक्खामि, से असणं वा पाणं वा खाइमं वा साइमं वा नेव सयं राइं भुञ्जेज्जा, नेवन्नेहिं राइं भुञ्जावेज्जा, राइं भुञ्जन्ते वि अन्ने न समणुजाणेज्जा, जावज्जीवाए तिविहं तिविहेणं मणेणं वायाए काएणं न करेमि न कारवेमि करेन्तं पि अन्नं न समणुजाणामि, तस्स भन्ते पडिक्कमामि निन्दामि गरिहामि अप्पाणं वोसिरामि, छट्ठे भन्ते वए उवट्ठिओ मि। सव्वाओ राईभोयणाओ वेरमणं ॥

इच्चेइयाइं पञ्च महव्वयाइं राईभोयणवेरमणछट्ठाइं अत्त-हियट्ठयाए उवसंपज्जित्ताणं विहरामि ॥६॥

Bei Beginn des vorstehenden Textes müssten die Studierenden schon tief in Grammatik und Lexik der Ardhamāgadhī eingedrungen sein. Aufgabe des Lehrenden ist es nun, die erworbenen Kenntnisse zu aktivieren und immer wieder abzurufen. Es kommt also vorwiegend die heuristische Methode zur Anwendung. Schon der erste Satz bietet dazu eine gute Gelegenheit.

suyaṁ me erinnert sofort an den Pāli-Standardsatz: *evaṁ me sutaṁ*. Die vielen Wiederholungen, die der Text beinhaltet, ermöglichen es, auch leistungsschwache Studierende zu aktiver Mitarbeit heranzuziehen.

bhagavayā ist Instr.; mit dem „Erhabenen“ ist stets Mahāvīra gemeint.

akkhāya < *ākhyāta* „verkündet“.

kāsava < *kāśyapa*.

paveiya < *pravedita*, ebenfalls „verkündet“. *paveiyaṁ* wäre besser als *paveiyā*, denn es bezieht sich auf *ajjhayaṇa*.

supannatta < *suprajñapta* „wohl unterrichtet“. Das Folgende kann nur so verstanden werden, dass ein Schüler einen Monolog hält.

ahijja ist von *adhi-i* abzuleiten; die hier vorliegende Form ist ein Infinitiv. Der Schüler stellt fest, es sei gut für ihn, (diesen Text) zu studieren. Das Studium (zu ergänzen ist: bringt) Belehrung über den frommen Wandel. Der Lehrende mag ergänzen: Daher ist *dhammapaṇṇatti* der Name des vierten Kapitels des *Dasaveyāliya*.

kayarā < *katarāḥ* „welche“. Der Schüler spricht weiter und fragt nach den schon in der Überschrift erwähnten sechs Gruppen von Seelen.

Darauf folgt die Antwort: *taṁ jahā* < *tad yathā* „nämlich“.

Das nun ständig wiederholte Wort *kāiya* < *kāyika* ist wohl am besten mit „verkörpert“ wiederzugeben.

Die Bedeutungen von *puḍhavi*, *āu* < *āpaḥ* usw. sollen die Studierenden anhand des Wörterbuches selbst ermitteln.

vaṇassai < *vanaspati*.

tasa < *trasa* „Lebewesen“.

cittamaṁta < *cittavat* „belebt“.

aṇegajīvā ist Bahuvrīhi.

annattha < *anyatra*, hier: „außer“.

satthapariṇaeṇaṁ < *śastrapariṇamita* (Kausativ) „von einer Waffe getötet“. Nachdem eben von der Erde die Rede war, gelten dieselben Worte für das Wasser, das Feuer, den Wind und die Vegetation. Die Allbeseeltheit ist ein Grundzug der jinistischen Lehre.

Der Text wird eigentlich erst mit *se te puṇa* fortgesetzt.

satta < *sattva* „Wesen“.

aṇḍa ist ein Tatsama.
jarāuyā ist „aus der Plazenta (also lebendig) geboren".
saṁseimā hat keine Sanskrit-Entsprechung und bedeutet etwa „Brühe".
sammucchimā (zu *sam-mūrch*) „geronnen" bleibt unklar.
ovavāiya < *aupapātika* „Lebewesen".
jesiṁ ist Gen. Plural. Deren verschiedene Eigenschaften und Neigungen werden nun geschildert.
āgai-gai < *āgati-gati* ist „Kommen und Gehen".
Von den nun aufgezählten Kleinlebewesen bleibt *kunthu* unklar (Insekt?).
beiṁdiya < *dvitīndriya* „mit zwei Sinnesorganen versehen".
tirikkha < *tiryac* hat viele Bedeutungen; hier ist jedenfalls „Tier" gemeint.
neraiya < *nairayika* ist ein „Höllenbewohner".
paramāhammiya < *paramadhārmika* „nach dem Dharma strebend".
tasakāya < *trasakāya* „Lebewesen".
pavuccai < *procyate* ist Passiv.
Nach dieser langen Aufzählung der beseelten Geschöpfe sagt jetzt der Schüler etwas, worauf er die ganze Zeit über hinaus will und kommt damit zum Kern des Jinismus.
iccesiṁ < *ity eṣām* (gemeint ist: gegenüber diesen sechs Seelengruppen).
daṇḍa meint hier und im Folgenden allgemein „Böses".
sayaṁ < *svayam* „selbst".
samārambhejjā ist zwar Optativ, dem Sinn nach aber durchaus ein Imperativ.
samārambhāvejjā ist Optativ vom Kausativ.
samaṇujāṇejjā ist wiederum ein Optativ und zwar von *samaṇujāṇa* < *samanujñā* „billigen, erlauben".
jāvajjīvāe ist am besten mit „solange ich lebe" zu übersetzen.
tiviha < *trividha* „dreierlei".
maṇa < *manas* „Geist".
vāyā < *vāc* „Sprache".
annaṁ < *anyam*.
bhante (besser wäre: *bhaṁte*) ist von *bhadanta* abgeleitet: „o Ehrwürdiger".
karemi gibt Gelegenheit, noch einmal auf die Konjugationsklasse II einzugehen.
paḍikkama < *pratikram* hat die Grundbedeutung „umkehren"; im Jinismus bedeutet es jedoch „bereuen".
appāṇaṁ < *ātmānam*.
vosira < *vyud-sṛj* „aufgeben, verlassen".
mahavvaya < *mahāvrata* ist ein „strenges Gelübde". Im Text stünde besser *mahavvaye*.

Der Schüler hat soeben den ersten großen Eid abgelegt. Er besteht im *veramaṇa* < *viramaṇa* „Sichenthalten"; nun folgt zwangsläufig ein Abl., nämlich *pāṇīvāyāo* < *prāṇātipātāt* „Töten von Lebewesen".

paccakkhā < *pratyākhyā* „zurückweisen".

suhuma < *sūkṣma*.

bāyara < *bādara* „grob".

thāvara < *sthāvara* „unbeweglich".

Nun folgen schon bekannte Sätze.

Am Schluss bekräftigt der Novize, dass er den ersten großen Eid abgelegt hat: *uvaṭṭhio mi* < *upasthito 'smi*.

ahāvare (besser wäre allerdings das Adverb *ahāvaraṁ* < *athāparam*) „außerdem", hier aber wohl mit „nun folgt" zu übersetzen.

Was jetzt folgt, ist leicht zu erraten: der zweite große Eid.

docca ist stark verändert aus *dvitīya*.

Hier geht es um das Sichenthalten von *musāvāya* < *mr̥ṣāvāda*, also der „lügenhaften Rede".

Der Text ist danach mit dem aus dem vorangegangenen Eid identisch. Der Novize schließt mit der Versicherung, dass er von jeglicher Lügenrede Abstand nehmen will.

Es folgt der dritte große Eid. Es ist klar, dass *tacca* hier auf *tr̥tīya* zurückgeht, doch sollte den Studierenden erläutert werden, dass es sich dabei nur um eine glückliche Konstellation handelt, denn *tacca* ist ein Homonym und könnte auch aus *tattva* oder *tathya* abgeleitet sein. Nicht immer fällt die Entscheidung über die Bedeutung eines Homonyms leicht.

Jetzt geht es um *adinnādāṇāo* (Abl.), also um das Sichenthalten „des Nehmens von Nichtgegebenem". Weniger geschraubt ausgedrückt: Man soll also nicht stehlen; zu ergänzen ist dabei: „sei es" in einem Dorf (*grāma*) oder in einer Stadt oder im Wald (*raṇṇe* wäre besser), wenig oder viel. Die Studierenden sollen den Satz selbst bis zum Ende erarbeiten, zumal das Meiste aus Wiederholungen besteht.

Nun folgt der vierte (*cauttha* < *caturtha*) große Eid. Dabei handelt es sich um die im Jinismus besonders streng eingeforderte Keuschheit, um den Verzicht auf Geschlechtsverkehr (*mehuṇa* < *maithuna*). Der Novize will weder mit einem göttlichen (*divva* < *divya*), menschlichen oder einem Tierschoß entsprossenen (zu ergänzen: „Wesen") geschlechtlich verkehren. Mit diesem Versprechen schließt der Novize den vierten großen Eid.

Der fünfte große Eid ist religionsgeschichtlich von besonderer Bedeutung: Es handelt sich um den Verzicht auf Besitzgier (*pariggaha* < *parigraha*). Besonders wichtig ist, dass es im Verlauf nicht nur um den Verzicht auf die Gier geht, sondern den Besitz als solchen, sei er klein oder groß, geringfügig oder viel, lebend oder leblos. Der Novize sagt, er selbst wolle keinen Besitz erraffen (ansonsten weiter wie oben). Er bekräftigt, es handelt sich um den Verzicht auf jeglichen (*savvāo* < *sarvasmāt*) Besitz. Die Jainas von heute ignorieren allerdings diesen großen Eid. Für sie ist es leichter, den sechsten (*chaṭṭha* < *ṣaṣṭha*) Eid einzuhalten. Bei diesem handelt es sich um den Verzicht auf Essen bei Nacht (*rāibhoyaṇa* < *rātrībhojana*). Selbst *khāima* (ob hierfür *khādima* die *chāyā* ist, bleibt unklar), also Konfekt, soll man nachts nicht verzehren.

iccheiyāiṁ < *ity etakāni* „diese", nämlich die fünf großen Eide mit dem Verzicht auf nächtliches Essen als sechstem, so schließt der Novize, hat er *attahiyaṭṭayāe* < *ātmahitārthāya* „für sein eigenes Heil" *uvasaṁpajja* < *upasaṁpad* „vollzogen" (die Form im Text ist ein Absolutiv), und er lebe (*vihara* < *vihr̥*; die ansonsten gebräuchliche Übersetzung „lustwandeln, sich vergnügen" würde hier nicht passen) (zu ergänzen:) „danach", nämlich unter Beachtung dieser sechs großen Eide.

Damit müssten die Studierenden mit der Ardhamāgadhī hinreichend vertraut geworden sein. Sollte – was aber wohl nicht anzunehmen ist – noch Zeit vorhanden sein, wäre als weitere Lektüre ein Stück aus dem sechsten Aṁga, den *Nāyādhammakahāo* < *Jñātādharmakathāḥ*, zu empfehlen.

III. Śaurasenī

1. Einführung

Eine Zeitlang war man geneigt, den Namen dieser Prākr̥t-Sprache von Saurāṣṭra abzuleiten, doch geht er vielmehr auf Śūrasena, den alten Namen der Landschaft um Mathurā, zurück.

In Bezug auf die Lehrmaterialien ist die Situation hier etwas günstiger als bei der Ardhamāgadhī. Unverzichtbar ist das *Elementarbuch der Śaurasenī mit Vergleichung der Māhārāṣṭrī und Māgadhī* (Hannover 1924, Neudruck Osnabrück 1971). Es beinhaltet eine ausführliche Darlegung der Grammatik, jedoch keine Übungstexte und kein Wörterbuch. Das von Richard Schmidt verfasste Buch bleibt aber die wichtigste Handhabe zum Studium der Śaurasenī. Zusätzliche Informationen kann man aus einem schon erwähnten Buch gewinnen, nämlich der von Sukumar Sen verfassten *Comparative Grammar of Middle Aryan* (2. Aufl., Poona 1960), ferner der *Introduction to Prākr̥t* (2. Aufl., Calcutta 1928, Reprint Delhi 1996) von A. C: Woolner. Generell ist beim Studium der mittelindischen Sprachen ein Werk von Oskar von Hinüber zu beachten: *Das ältere Mittelindisch im Überblick* (2. Aufl., Wien 2001).

Die Śaurasenī ist noch relativ stark vom Sanskrit beeinflusst und daher einerseits altertümlicher als die Māhārāṣṭrī; andererseits bildet sie eine Brücke zum Hindi. Obwohl bestimmte Digambara-Texte in Śaurasenī verfasst sind, ist der religiöse Hintergrund der Śaurasenī viel geringer als der der Ardhamāgadhī.

Von erheblich größerem Gewicht ist ihre Bedeutung für das Verständnis der altindischen Dramen. In den Prosateilen von Dramen wird die Śaurasenī hauptsächlich von Frauen und Kindern gesprochen, auch vom *vidūṣaka*, auf den noch zurückzukommen sein wird. In der *Karpūramañjarī*, die um 900 von Rājaśekhara verfasst wurde und ganz in Śaurasenī gehalten ist, bedient sich auch der König dieser Sprache. Die Studierenden können hier auf die bereits erwähnte Geschichte der altindischen Literatur des Verf. hingewiesen werden.

2. Lautlehre

In der Grammatik wird wie üblich mit der Lautlehre begonnen, wobei es wiederum darauf ankommt, die Unterschiede zum Lautbestand des Sanskrit herauszuarbeiten.

Diejenigen Studierenden, die sich gründliche Kenntnisse in der Ardhamāgadhī angeeignet haben, sind in der Lautlehre im Vorteil; denn diese ist, wie schon gesagt, das Eintrittstor in die Sprachen des Mittel-Prākr̥t.

Gegenüber dem Lautbestand des Sanskrit fehlen in der Śaurasenī *r̥*, *r̥̄*, *l̥*, *ai*, *au*, *y*, *ś*, *ṣ* und *ḥ*.

Im Anlaut wird *r̥* meist *ri*: *risi* < *r̥ṣi*; ansonsten meist zu *i*: *kida* < *kr̥ta*.

ai wird *e*: *vejja* < *vaidya*, und *au* wird *o*: *osaha* < *auṣadha*.

Saṁprasāraṇa greift weiter um sich. *aya* wird häufig zu *e*: *ṇedu* < *nayatu*. Analog wird *ava* zu *o*: *odāra* < *avatāra*.

Einige Sandhi-Gesetze erlangen wieder Gültigkeit. *a*, *ā* + *a*, *ā* = *ā*; analog wird mit *i* und *u* verfahren.

Treffen *a* oder *ā* auf einen Nicht-*a*-Vokal, dann nimmt der zweite Vokal Guṇa: *mahā isi* wird *mahesi*.

Die Umwandlungen *ṇatthi* < *nāsti* und *ṇāhaṁ* < *nāham* sind den Studierenden schon aus der Ardhamāgadhī bekannt.

Äußerst einschneidend sind die intervokalischen Konsonantenelisionen von *k*, *g*, *c*, *j*, *y*: *loa* < *loka*, *vioa* < *viyoga*, *pia* < *priya*.

In geschlossener-Silbe wird – wie im Pāli – ein langer Vokal gekürzt: *maṁsa* < *māṁsa*.

Im Auslaut darf – auch das ist bekannt – nur ein Vokal oder Anusvāra stehen.

Im Anlaut wird *n* zu *ṇ*.

Wichtig ist, dass *t* zu *d* wird. Hierzu einige Beispiele: *bhodi* < *bhavati*, *gada* < *gata*, *adidhi* < *atithi*, *Sarassadī* < *Sarasvatī*, *tado* < *tataḥ*, *jāṇādi* < *jānāti*, *hida* < *hita*, *edaṁ* < *etad*, *jadhā* < *yathā*, *maṇoradha* < *manoratha*.

p und *b* werden vielfach zu *v*: *pāveṇa* < *pāpena*.

Bei *kh*, *gh*, *dh*, *ph*, *bh* verbleibt nur die Aspiration: *muha* < *mukha*, *meha* < *megha*, *mahu* < *madhu*.

Ligaturen werden entweder durch Svarabhakti getrennt oder assimiliert.

Wie Assimilationen vor sich gehen, sollten die Studierenden aus dem Pāli und der Ardhamāgadhī bereits wissen. Meist sind sie regressiv, d. h. der erste Konsonant assimiliert sich dem zweiten:

ratta < *rakta*, *vappadi* < *vākpati*, *uppala* < *utpala*, *sadda* < *śabda*, *kitti* < *kīrti*, *dhamma* < *dharma*.

Beispiele für die progressive Assimilation sind: *bhadda* < *bhadra*, *aggi* < *agni*, *agga* < *agra*.

jñ wird zu *ṇṇ*: *paṇṇā* < *prajñā*.

rv wird *vv*: *puvva* < *pūrva*.

śn wird *ṇh*: *paṇha* < *praśna*.

st und *sth* werden zu *tth* oder *ṭh*: *atthi* < *asti*, *avatthā* < *avasthā*, *ṭhida* < *sthita*.

kṣ wird zu *kkh*: *dakkhiṇa* < *dakṣiṇa*, *akkhi* < *akṣi*, *ikkhu* < *ikṣu*.

Wie schon aus dem Pāli und der Ardhamāgadhī bekannt, werden *ś* und *ṣ* zu *s*: *kesesu* < *keśeṣu*.

Damit die Studierenden mit den Lautumwandlungen in der Śaurasenī vertraut werden, folgen hier noch einige Beispiele. Dabei sollten die Studierenden ermuntert werden, aus den Śaurasenī-Formen selbstständig nach der jeweiligen *chāyā* zu suchen.

Die folgenden Formen werden später in der Konjugation eine Rolle spielen: *gamīadi* < *gamyate*, *pucchīadi* < *pr̥cchyate*; *pucchida* < *pr̥ṣṭha*, *avaṇīda* < *apanīta*, *dinna* < *datta*, *diṭṭha* < *dr̥ṣṭa*; *bhavidavva* < *bhavitavya*, *kādavva* < *kartavya*, *karaṇīa* < *karaṇīya*; *gacchiduṁ* < *gantum*; *āṇīa* < *ānīya*, *bhavia* < *bhūtvā*, *gaṇhia* < *gr̥hītvā*, *kadua* < *kr̥tvā*, *gadua* < *gatvā*.

Mit diesem Vorgriff werden es die Studierenden später bei der Konjugation leichter haben.

Nunmehr kann zur Deklination übergegangen werden.

3. Deklination

Vorausgeschickt werden muss, dass wie beim Awesta nicht bei jedem Lemma alle Kasus belegbar sind.

Gegenüber dem Sanskrit ist – wie schon im Pāli und in der Ardhamāgadhī – eine deutliche Vereinfachung festzustellen.

Der Dual ist nicht mehr vorhanden und wird durch den Plural vertreten.

Feminina auf *-i* und *-u* sind fast ganz verschwunden; sie fallen mit denen auf *-ī* und *-ū* zusammen, die wie die Feminina auf *-ā* dekliniert werden.

Die im Sanskrit so ausgedehnte (und manchmal recht komplizierte) konsonantische Deklination geht verloren: Entweder wird der Endkonsonant abgeworfen, oder es werden *-a*, *-ā* oder *-ī* ergänzt.

Bei Adjektiven sind Femininbildungen auf *-ī* gebräuchlicher als die auf *-ā*. Der Dat. hat allgemein dem Gen. Platz gemacht.

Alle Details können mühelos den folgenden Tabellen entnommen werden. Viele Endungen sind den Studierenden ohnehin schon aus der Ardhamāgadhī bekannt.

Im Einzelnen seien die Studierenden auf folgende Punkte hingewiesen:

Der Singular masc. kommt dem Pāli sehr nahe.

Im Abl. scheint Sanskrit *putrāt* durch.

Wichtig ist der Umstand, dass in der Śaurasenī intervokalisches *t* nicht wie in der Ardhamāgadhī ausfällt, sondern lediglich in *d* umgewandelt wird.

Im Lok. geht die Endung *-immi* auf *-smin* zurück.

Die Deklination der Feminina auf *-ā* erinnert in beiden Numeri wieder sehr an die Ardhamāgadhī.

Bei den Feminina auf *-ā* und *-ī*, aber auch bei den Nomina agentis fallen – anders als im Sanskrit – Nom. und Akk. im Plural zusammen.

Der Instr. Plural der Masculina geht wie in *puttehiṁ* nicht auf Sanskrit *putraiḥ* zurück, sondern auf die ṛgvedische Form *putrebhiḥ*.

Zu beachten ist, dass der Akk. Plural der Masculina auf *-e* endet.

Der Nom. Plural der Neutra – beispielsweise *phalāiṁ* – erinnert wieder an die Ardhamāgadhī.

Die Demonstrativ-, Personal-, Relativ- und Interrogativ-Pronomina können unschwer den folgenden Tabellen entnommen werden. Die Formen beinhalten nichts wirklich Neues.

3.1. Nomina

Masculina auf *-a* (*putta* „Sohn“)

Singular		Plural	
Nom.	putto	Nom.	puttā
Akk.	puttaṁ	Akk.	putte
Instr.	putteṇa	Instr.	puttehiṁ
Abl.	puttādo	Abl.	puttehiṁto
Gen.	puttassa	Gen.	puttāṇaṁ
Lok.	putte	Lok.	puttesuṁ
Vok.	putta	Vok.	puttā

Neutra auf *-a* (*phala* „Frucht”)

Singular		Plural
Nom.	phalaṁ	phalāiṁ, phalāni
Akk.	phalaṁ	phalāiṁ, phalāni

Masculina auf *-i* (*aggi* „Feuer“)

Singular		Plural	
Nom.	aggī	Nom.	aggiṇo, aggīo
Akk.	aggiṁ	Akk.	aggiṇo, aggīo
Instr.	aggiṇā	Instr.	aggīhiṁ
Abl.	aggido	Abl.	
Gen.	aggiṇo	Gen.	aggīṇaṁ
Lok.	aggimmi	Lok.	aggīsu(ṁ)
Vok.	aggi	Vok.	

Masculina auf *-u* (*vāu* „Wind“)

Singular		Plural	
Nom.	vāū	Nom.	vāuṇo, vāao
Akk.	vāuṁ	Akk.	vāuṇo
Instr.	vāuṇā	Instr.	vāuhiṁ
Abl.	vāudo	Abl.	
Gen.	vāuṇo	Gen.	vāūṇaṁ
Lok.	vāummi	Lok.	vāūsu(ṁ)
Vok.	vāu	Vok.	

Feminina auf *-ā* (*mālā* „Kranz“)

Singular		Plural	
Nom.	mālā	Nom.	mālāo
Akk.	mālāṁ	Akk.	mālāo
Instr.	mālāe	Instr.	mālāhiṁ
Abl.	mālādo	Abl.	mālāhiṁto
Gen.	mālāe	Gen.	mālāṇaṁ
Lok.	mālāe	Lok.	mālāsu(ṁ)
Vok.	māle	Vok.	mālāo

Feminina auf *-ī* (*devī* „Göttin“)

Singular		Plural	
Nom.	devī	Nom.	devīo
Akk.	deviṁ	Akk.	devīo
Instr.	devīe	Instr.	devīhiṁ
Abl.	devīdo	Abl.	devīhiṁto
Gen.	devīe	Gen.	devīṇaṁ
Lok.	devīe	Lok.	devīsu(ṁ)
Vok.	devi	Vok.	

Nomina agentis (*bhattā* < *bhartṛ* „Gatte“)

Singular		Plural	
Nom.	bhattā	Nom.	bhattāro
Akk.	bhattāraṁ	Akk.	bhattāro
Instr.	bhattuṇā	Gen.	bhattārāṇaṁ
Gen.	bhattuṇo	Instr.	bhattārehiṁ
Lok.	bhattāre	Lok.	bhattāresu(ṁ)

3.2. Pronomina

Pronomina personalia

1. Person Singular		1. Person Plural	
Nom.	ahaṁ	Nom.	amhe
Akk.	maṁ	Akk.	ṇo
Instr.	mae, me	Instr.	amhehiṁ
Abl.	matto, mamado	Abl.	
Gen.	mama, me	Gen.	amhāṇaṁ
Lok.	mai	Lok.	amhesuṁ

2. Person Singular		2. Person Plural	
Nom.	tumaṁ	Nom.	tumhe
Akk.	tumaṁ, te, de	Akk.	tumhe
Instr.	tao	Instr.	tumhehiṁ
Abl.	tatto	Abl.	
Gen.	tuha	Gen.	tumhāṇaṁ, vo
Lok.	tāi	Lok.	tumhesuṁ

3. Person Singular

	masc.	fem.	nt.
Nom.	so	sā	taṁ
Akk.	taṁ	taṁ	taṁ
Instr.	teṇa	tāe	teṇa
Gen.	tassa, se	tāe	tassa
Lok.	tassiṁ	tīe	tassiṁ

3. Person Plural

	masc.	fem.	nt.
Nom.	te	tāo	tāiṁ
Akk.	te, de	tāo	tāiṁ
Instr.	tehiṁ	tāhiṁ	tehiṁ
Gen.	tāṇaṁ	tāṇaṁ	tāṇaṁ
Lok.	tesu	tāsu	tesu

Pronomen demonstrativum

	masc.	fem.	nt.
Singular			
Nom.	eso	esā	edaṁ
Akk.	edaṁ	edaṁ	edaṁ
Instr.	edeṇa	edāe	
Gen.	edassa	edāe	
Lok.	edassiṁ	edāe	
Plural			
Nom.	ede	edāo	edāiṁ
Akk.			
Instr.	edehiṁ		edehiṁ
Gen.	edāṇaṁ	edāṇaṁ	edāṇaṁ
Lok.	edesu(ṁ)		

Pronomen relativum

	masc.	fem.	nt.
Singular			
Nom.	jo	jā	jaṁ
Akk.	jaṁ	jaṁ	jaṁ
Instr.	jeṇa	jāe	jeṇa
Gen.	jassa	jāe	jassa
Lok.	jassiṁ		
Plural			
	masc.	fem.	nt.
Nom.	je		jāiṁ
Gen.	jāṇaṁ		

Pronomen interrogativum

	Singular			Plural		
	masc.	fem.	nt.	masc.	fem.	nt.
Nom.	ko	kā	kiṁ	ke	kāo	kāiṁ
Akk.	kaṁ	kaṁ	kiṁ			
Instr.	keṇa	kāe	keṇa			
Gen.	kassa	kāe	kassa			
Lok.	kassiṁ					

4. Konjugation

Das Verbalsystem des Altindoarischen wurde im Mittelindoarischen noch viel stärker vereinfacht als das Nominalsystem. Das Medium wurde weitgehend auf den Singular des Präs. beschränkt. Gab es in der Ardhamāgadhī drei Konjugationsklassen, so sind es in der Śaurasenī nur noch zwei: die *a*- und die *e*-Klasse. Letztere umfasst die Kausative und Denominative.

Aorist und Perfekt gibt es nicht mehr. Das Imperfekt *āsi* oder *āsī* (< *āsīt*) gilt für alle Personen und Numeri. Generell wird das Präteritum durch das PPP mit einem Hilfszeitwort konstruiert. Daher müssen sich die Studierenden die Konjugation des Hilfszeitwortes *as* einprägen.

	Singular	Plural
1. Pers.	mhi (< asmi)	mha (< smaḥ
2. Pers.	si (< asi)	
3. Pers.	atthi (< asti)	

Es sind also nicht alle Formen ausgebildet; durchgängig ist dagegen der Gebrauch von *atthi.*

Wie die Konjugation abläuft, zeigt die diesen Ausführungen folgende Tabelle. Hervorstechend ist, dass die 3. Pers. Präs. Singular (Sanskrit *-ati*) das *t* nicht, wie in der Ardhamāgadhī, elidiert (wodurch der irritierende Eindruck eines Diphthongs entsteht), sondern es lediglich in ein *d* umwandelt.

Die Studierenden sollten noch auf folgende Details aufmerksam gemacht werden:

Beim Imperativ erscheint in der 2. Pers. Singular die Endung *-su* (< *-sva*), mitunter auch *-hi* (< *-dhi*).

In der 2. Pers. Plural ist zu merken: *hodha* (< *bhavata*), in der 3. Pers. Plural *hontu* (< *bhavantu*).

Der Optativ tritt in der Śaurasenī sehr zurück und wird durch den Imperativ verdrängt. Wo er noch vorkommt, folgt er dem Sanskrit-Modell, nicht dem *-ejja-* der Ardhamāgadhī.

Das Passiv hat das Kennzeichen *-īa-* (< *-ya-*): *gamīadi* (< *gamyate*); die Endungen sind also die des Aktivs.

Die Kennzeichen des Kausativs sind *-e-* (< *-aya-*) oder *-ve-* (< *-paya-*): *kāredi* (< *kārayati*).

Folgende Partizipien sind in der Śaurasenī vertreten:

Präs. Akt.: masc. *-anto*, fem. *-anti*, *-antā*: *jāṇanto* (< *jānan*).

Präs. Med.: masc. *-māṇo*, fem. *-māṇā*, *-māṇī*.

Präs. Pass.: *-īanto*; Prät. Pass. (PPP): *-da*, *-ṇa*.

Wie schon im Sanskrit hat das PPP auch hier viele unregelmäßige Formen. Die meisten von ihnen haben die Studierenden schon bei der Erörterung der Lautlehre kennengelernt.

Das Gerundivum endet meist auf *-davva* (< *-tavya*): *bhavidavva* (< *bhavitaya*). Weniger produktiv ist *-aṇīa* (< *-anīya*): *karaṇīa* (< *karaṇīya*).

Der Infinitiv endet auf *-(i)duṁ* (< *-tum)*, das Absolutiv auf *-a*, *-ia* (< *-ya*); Beispiele wurden bereits in der Lautlehre gegeben.

Die Endungen des Futurums sind der Tabelle zu entnehmen.

In seiner bereits erwähnten Arbeit zeigt Richard Schmidt im Detail, welche Fortsetzungen die zehn Präsensklassen des Sanskrit in der Śaurasenī finden. Sprachgeschichtlich ist dies sehr interessant und wertvoll, doch sollte man die Studierenden – wenn sie nicht gerade die Śaurasenī zum Spezialgebiet haben – damit nicht belasten, da der hier dargelegte grammatische Stoff für die Lektüre von Śaurasenī-Texten im Wesentlichen ausreichen dürfte.

Präsens Aktiv		Präsens Medium	
Singular	Plural	Singular	Plural
1. Pers. vaṭṭāmi	vaṭṭāmo	vaṭṭe	
2. Pers. vaṭṭasi	vaṭṭadha	vaṭṭase	
3. Pers. vaṭṭadi	vaṭṭanti	vaṭṭade	vaṭṭante

Imperativ		Optativ	
Singular	Plural	Singular	Plural
1. Pers. karemu	karemha	bhaveaṁ	bhavemha
2. Pers. karesu	karedha	bhave	bhavedha
3. Pers. karedu	karentu	bhave	bhave

Futurum	
Singular	Plural
1. Pers. bhavissaṁ	bhavissāmo
2. Pers. bhavissasi	bhavissadha
3. Pers. bhavissadi	bhavissanti

5. Text

Als Textbeispiel der Śaurasenī wird hier ein Ausschnitt aus dem Drama Śakuntalā des Kālidāsa präsentiert. Der Lehrende sollte die Studierenden bei dieser Gelegenheit unbedingt mit dem Oeuvre des Kālidāsa näher bekannt machen, der als Epiker, Lyriker und Dramatiker gleichermaßen Großes geleistet hat und den Indern als *mahākavi* schlechthin gilt. Die Śakuntalā ist sein berühmtestes Drama, das schon 1791 von Georg Forster (aus dem Englischen) ins Deutsche übersetzt wurde. Es wurde von J. W. von Goethe mit solcher Begeisterung aufgenommen, dass er bereits am 1. Juli desselben Jahres in einem Brief an Friedrich Heinrich Jacobi die berühmten Zeilen schrieb:

„Will ich die Blumen des frühen, die Früchte des späteren Jahres,
will ich, was reizt und entzückt, will ich, was sättigt und nährt,
will ich den Himmel, die Erde, mit einem Namen begreifen,
nenn ich, Sakontala, dich, und so ist alles gesagt.“

Schon um dieser Goethe-Worte willen sollten die Studierenden mit dem Inhalt des Dramas vertraut gemacht werden.

In dem hier ausgewählten Stück hält der *vidūṣaka* einen Monolog. Der *vidūṣaka* ist eine typische Figur des altindischen Dramas: Er ist eine lustige Person, eine Art Hofnarr, doch keineswegs ungebildet. In seinem Monolog beklagt er seine gegenwärtige Lebenssituation. Natürlich ist es Kālidāsa, der ihm die Worte in den Mund legt.

5.1. Kālidāsa: Śakuntalā

Zweiter Akt. Erster Auftritt: Der Vidūṣaka beklagt sein Schicksal

Hī māṇahe, hado mhi, edassa miaā-sīlassa raṇṇo vaassabhāveṇa ṇivviṇṇo. ‚Aaṁ mao', ‚aaṁ varāho' tti majjhandiṇe vi gimhe virala-pādava-cchāāsu vaṇa-rāīsuṁ āhiṇḍia, patta-saṁkara-kasāa-virasāiṁ uṇha-kaḍuāiṁ pijjanti giri-ṇaī-salilāiṁ. Aṇiada-velaṁ ca uṇhuṇhaṁ maṁsaṁ bhuñjīadi. Turaa-gaāṇaṁ ca saddeṇa rattiṁ pi ṇatthi pakāma-suidavvaṁ. Mahante jjeva paccūse dāsīe puttehiṁ sāuṇia-luddhehiṁ kaṇṇovaghādiṇā vaṇagamaṇa-kolāhaleṇa pabodhīāmi. ettikeṇāvi dāva pīḍā ṇa vuttā jado gaṇḍassa uvari vipphoḍao saṁvutto. Jeṇa kila amhesuṁ avahīṇesuṁ bhavadā maāṇusāriṇā assama-padaṁ paviṭṭheṇa mama adhaṇṇadāe Sauntalā ṇāma kā vi tāvasa-kaṇṇaā diṭṭhā. Taṁ pekkhia saṁpadaṁ ṇaara-gamaṇassa kadhaṁ pi ṇa karedi. Edaṁ jjeva cintaantassa mama pahādā acchīsuṁ raaṇī. Tā kā gadī? Jāva ṇaṁ kidāāraparikammaṁ pia-vaassaṁ pekkhāmi. Eso bāṇāsaṇa-hattho hiaa-ṇihida-pia-aṇo vaṇa-puppha-mālā-dhārī ido jjeva āacchadi piavaasso. Bhodu aṅga-madda-vialo bhavia ciṭṭhissaṁ, evaṁ pi ṇāma vissāmaṁ laheaṁ.

Ein erster Blick auf diesen Text wird die Studierenden wahrscheinlich entmutigen; auch auf den Sanskritisten wirkt er fremdartig. Eine eingehende Erklärung, vorwiegend nach der katechisierenden Methode, ist darum unerlässlich.

hī māṇahe ist ein Ausdruck der Erschöpfung und des Verdrusses und entspricht etwa unserem „o je!“ oder „zum Kuckuck!“

hado mhi < *hato 'smi* „ich bin (wie) erschlagen".

edassa und das folgende Kompositum sind Gen.

miaā-sīla < *mr̥gayāśīla* „auf die Jagd versessen".

Bei *raṇṇo* < *rājñaḥ* schlägt die konsonantische Deklination des Sanskrit durch.

vaassa < *vayasyabhāva* ist der Zustand der Begleitung und könnte auch mit „Gefolgschaft" oder „Kameradschaft" übersetzt werden.

ṇivviṇṇo weist auf das PPP *nirviṇṇa* zu *nis-vid*. Die Bedeutung ist „überdrüssig".

aaṁ < *ayam*: zu ergänzen wäre „hier ist".

mao < *mr̥gaḥ* „Gazelle".

varāho ist ein Tatsama „Eber".

tti < *iti*.

majjhandiṇe < *madhyamdine* „mittags".

vi < *api* „sogar".

gimhe < *grīṣme* könnte „im Sommer" heißen, doch ist hier sicher die Mittagshitze gemeint.

virala ist ein Tatsama „weit auseinanderstehend".

pādava < *pādapa* ist bildhaft ein Baum, nämlich ein „Fußtrinker", einer, der mit den Wurzeln Wasser aufnimmt.

chāāsu < *chāyāsu* ist hier eher ironisch gemeint, denn weit auseinander stehende Bäume werfen eben kaum Schatten.

vaṇa-rāīsuṁ < *vana-rathyāsu* ist Lok. Plural „auf Waldwegen".

āhiṇḍia ist ein Absolutiv „gewandert". Es handelt sich hierbei nicht um ein Prākr̥t-, sondern um ein Deśī-Wort.

patta < *pattra* „Blatt".

saṁkara ist ein Tatsama und bedeutet hier „Mischung".

kasāa < *kaṣāya* kann in diesem Zusammenhang sowohl „Schmutz" als auch „braunrot" bedeuten.

virasa ist ein Tatsama „eklig".

uṇha < *uṣṇa* „heiß", hier aber wohl nur: „warm".

kaḍua < *kaṭuka* „bitter".

giri ist ein Tatsama. Den Studierenden sollte die Bedeutung bekannt sein.

ṇaī < *nadī* „Fluss".

salila müsste ebenfalls bekannt sein. Die Neutrum-Form ist ein Nom. Plural.

pijjanti ist Passiv: „sie werden getrunken". Gemeint sind die von Bergen oder aus Flüssen kommenden Wasser, die mit Blättern verunreinigt sind und daher ekelhaft und bitter schmecken. Der *vidūṣaka* kritisiert, dass es bei der anstrengenden Jagd in großer Hitze nicht einmal etwas Ordentliches zu trinken gibt. Und sogleich tadelt er auch das Essen:

bhuñjīadi < *bhujyate* ist Passiv: „es wird gegessen", jedoch zu Zeiten (*velā*), die *aṇiyaḍa* < *aniyata*, also unregelmäßig, sind. Außerdem bestehen die Mahlzeiten (nur) aus

uṇhuṇhaṁ maṁsaṁ < *uṣṇoṣṇam-māṁsam*, also aus übermäßig heißem Fleisch. Doch die Leiden des *vidūṣaka* haben auch nachts (*rattiṁ pi*) kein Ende.

saddeṇa ist natürlich Instr.; *sadda* < *śabda* bedeutet hier aber nicht „Wort", sondern „Lärm".

Dass zuvor *ratti* im Akk. und nicht – wie zu erwarten gewesen wäre – im Lok. steht, soll sicherlich bedeuten „die Nacht hindurch".

Wer den Lärm verursacht, steht als Kompositum im Gen. Plural; es sind die Pferde (*turaga*) und Elefanten (*gaja*).

pakāma ist als Adverb aufzufassen (< *prakāmam*) = „nach Wunsch".

ṇatthi < *nāsti* ist bereits bekannt.

Für *suidavvaṁ* stünde besser *suvidavvaṁ* < *svapitavya*. Das Gerundivum ist abgeleitet von *suvadi* < *svapati* „schlafen".

paccūse < *pratyūṣe* ist das „Morgengrauen", das durch *mahante* noch näher definiert wird; es bedeutet also, da Lokativ: „beim ersten Morgengrauen".

pabodhīāmi (zu *pra-budh*) ist Passiv: „ich werde geweckt", und zwar wiederum durch „Lärm", *kolāhala*, ein Tatsama.

Die den Lärm verursachen, werden mit einem Schimpfwort bedacht. Etwas frei übersetzt, sind es „Hurensöhne", nämlich „gierige" (*luddha* < *lubdha*) „Vogelsteller" (*sāuṇia* < *śākunika*), die beim „Ausrücken in den Wald" (*vaṇagamaṇa*) einen ohrenbetäubenden Lärm veranstalten.

In *kaṇṇovaghādiṇā* ist ein in der Śaurasenī sonst ganz seltener Sandhi enthalten.

ettikeṇāvi „auch damit" beinhaltet wiederum einen Sandhi.

dāva < *tāvat*.

vuttā ist ein PPP < *vr̥tta* „vergangen, vorbei".

jado < *yataḥ* „denn".

uvari < *upari* „auf"; denn auf einer Beule ist *vipphoḍao* < *visphoṭa* „ein Geschwür"

saṁvutto < *samvr̥tta* (ein PPP) „entstanden". Allerdings ist dies wohl nur bildlich gemeint.

Statt *jeṇa* hat eine andere Rezension: *hio* < *hyas* „gestern".

kila bedeutet auch im Sanskrit: „fürwahr".

amhesuṁ avahīṇesuṁ ist Locativus absolutus: „nachdem wir verlassen worden waren", nämlich *bhavadā* „vom Herrn".

maāṇusāriṇā (abgeleitet aus *anu-sr̥*): Der König ist also auf der Gazellenjagd vorausgeeilt.

Dabei kam er zu einem *assama* < *āśrama*, einer Asketeneinsiedelei.

Beim Betreten (zu *pra-viś*) *diṭṭhā* < *dr̥ṣṭa* „wurde gesehen" (der Text ist wieder im typischen Passiv gehalten)

mama adhaṇṇadāe < *adhanyatā* (ist zu übersetzen mit) „zu meinem Leidwesen": Sauntalā, die Titelheldin Śakuntalā, *tāvasa-kaṇṇā* < *tāpasa-kanyā* „eine Asketentochter".

pekkhia < *prekṣya* ist Absolutiv: „nachdem der König sie gesehen hatte" – der *vidūṣaka* schiebt hier ein *saṁpadaṁ* (ein Tatsama, das „Glück" bedeutet und vom *vidūṣaka* hier sicherlich spöttisch gemeint ist) ein.

ṇaara-gamaṇa < *nagara-gamana* ist ein Tatpuruṣa-Kompositum, das anstelle eines Akk. der Richtung oder eines Lok. steht.

kadhaṁ < *kathām.*

karedi < *karoti.* Der Sinn ist: Seit der König das Mädchen gesehen hat, ist von einer Rückkehr in die Stadt keine Rede mehr, sehr zum Verdruss des *vidūṣaka*, der sich nach den Annehmlichkeiten des Hoflebens sehnt.

edaṁ < *tad* „dies".

cintaantassa < *cintayataḥ* ist Gen. des Part. Präs.

pahādā ist schwer zu analysieren; es geht auf *pra-bhā* „scheinen, leuchten" zurück.

acchīsuṁ < *akṣiṣu* ist Lok. Plural.

raaṇī < *rajanī* kann „Nacht", aber auch „Strahl" bedeuten. Gemeint ist, dass der *vidūṣaka* nachts so lange darüber gegrübelt hatte, bis ihm die Morgendämmerung in die Augen schien.

tā geht auf vedisches *tāt*, einen alten Abl., zurück. Es heißt zwar einfach „so", muss hier aber gedeutet werden als „unter diesen Umständen", *rebus sic stantibus.*

gadī < *kr̥ti* ist „das Tun"; es ist also zu übersetzen mit: „was ist zu tun?"

ṇaṁ < *nūnam* „jetzt".

pekkhāmi < *prekṣyāmi* „ich will sehen", und zwar nach *pia-vaassaṁ* < *priya-vayasyam*, „nach dem lieben Gefährten".

kida < *kr̥ta.*

āāra < *ācāra.*

parikamma < *parikarman* „Körperpflege". Der *vidūṣaka* will also nachsehen, ob der König schon mit der Morgentoilette fertig ist; denn *ācāra* kann auch „Waschung" bedeuten.

ido < *itaḥ* „dort, von dort".

āacchadi < *āgacchati* „er kommt", und zwar der liebe Gefährte.

bāṇāsaṇahattho < *bāṇāsanahasta* ist ein Bahuvrīhi: „einen Bogen in der Hand haltend".

hiaaṇihida < *hr̥dayanihita* ist ein Tatpuruṣa: „im Herzen eingeschlossen", nämlich *pia* < *priyā* „die Geliebte".

Außerdem trägt er „einen Kranz von Waldblumen“: *vaṇa-puppha-mālā-dhārī* < *vanapuṣpamālādhārin*.

bhodu < *bhavatu* ist zwar formal ein Imperativ, wird aber häufig im Sinne von „wohlan!“ gebraucht.

madda < *mr̥dita* ist ein PPP: „gequetscht“.

aṅga ist ein Tatsama.

vialo < *vikala* „unwohl, elend“.

bhavia < *bhavita* oder < *bhūtvā* „geworden“.

ciṭṭhisaṁ (zu *sthā*) ist die 1. Pers. Singular des Futurums. Der *vidūṣaka* nimmt sich also vor, sich so hinzustellen, als seien seine Glieder gequetscht und kraftlos geworden. Davon verspricht er sich das Folgende.

evaṁ pi ṇāma < *evam api nāma* bedeutet hier: „vielleicht“.

laheaṁ < *labheyam* ist Optativ: „ich könnte erlangen“, nämlich *vissāma* < *viśrāma* „Erholung, Ruhe“.

IV. Māhārāṣṭrī

1. Einführung

Nachdem die Studierenden das nicht gerade leichte Śaurasenī-Lesestück bewältigt haben, sollte man ihnen sagen, dass sie nun auch die letzte Hürde meistern werden.

Für das Studium der Māhārāṣṭrī ist das von Hermann Jacobi herausgegebene Buch *Ausgewählte Erzählungen in Māhārāṣṭrī* (Leipzig 1886, Neudruck Darmstadt 1967) eine gute Grundlage. Es enthält allerdings mehr, als der Titel verspricht, nämlich nicht nur Erzählungstexte, sondern auch eine kurze, aber erschöpfende Grammatik und ein relativ ausführliches Glossar, das zwar nicht so gut ist wie das von Dines Andersen zum *Pāli Reader*, jedoch auch die *chāyā*s berücksichtigt. Ansonsten findet man Material über die Māhārāṣṭrī auch in der für die Śaurasenī angegebenen Literatur.

Im Unterschied zu manchen anderen Prākr̥ts ist die Māhārāṣṭrī gut zu lokalisieren: Sie entstand am Oberlauf der Godāvarī und entwickelte sich dann im westlichen Indien. Dort bildet sie die Vorstufe zum heutigen Marathi.

Den indischen Grammatikern, aber auch dem Dichter Daṇḍin, galt die Māhārāṣṭrī als das vorzüglichste Prākr̥t, sozusagen als Prākr̥t *par excellence*. Was an einer Sprache vorzüglich ist oder nicht, lässt sich nur schwer entscheiden und wäre ein eigener Untersuchungsgegenstand. Immerhin gibt es schon seit dem 4. Jh. eine Literatur in Māhārāṣṭrī. Zudem ist Māhārāṣṭrī die Sprache fast der gesamten Prākr̥t-Poesie.

An dieser Stelle muss den Studierenden verdeutlicht werden, dass es hier nicht nur um linguistische Sachverhalte geht, sondern dass der literaturgeschichtliche Hintergrund, für den die Māhārāṣṭrī das sprachliche Vehikel darstellt, eine immense Rolle spielt. Die Studierenden sollten, etwa anhand der *Geschichte der altindischen Literatur* des Verf., ihre diesbezüglichen Kenntnisse vertiefen. Denn die Māhārāṣṭrī – und das ist im Rahmen der Prākr̥ts einmalig – findet Anwendung sowohl in der Epik als auch in der Dramatik sowie Lyrik. Zudem ist die Māhārāṣṭrī die Sprache der jüngeren Schichten der kanonischen sowie der nachkanonischen Literatur der Jainas. Durch letztere hat die Māhārāṣṭrī einen leichten Wandel erfahren, so dass man von einer Jaina-Māhārāṣṭrī sprechen kann. Ein Beispiel ist die Verwendung des *y* zur Überbrückung von Hiaten; so wird Skt. *mr̥ta* in der Māhārāṣṭrī zu *maa*, in der Jaina-Māhārāṣṭrī zu *maya*.

Einige besonders wichtige Werke, die in der Māhārāṣṭrī bzw. Jaina-Māhārāṣṭrī verfasst wurden, sollten den Studierenden vorgestellt werden. Die *Samarāiccakahā* (< *Samarādityakathā*) des Haribhadra ist eine Sammlung von in Prosa gehaltenen, religiös moralisierenden Geschichten. Sīlaṅkas *Caupannamahāpurisacariya* ist eine mythische Universalgeschichte aus dem 9. Jh. Ein jinistisches Epos aus dem 2. bis 3. Jh. liegt im *Paümacariya* (< *Padmacarita*) des Vimalasūri vor. Das Werk ist eine jinistische Überarbeitung des *Rāmāyaṇa*. Ebenfalls ein Epos ist der *Rāvaṇavaha* (< *Rāvaṇavadha*) (= *Setubandha*). Ob der König Pravarasena II. (erste Hälfte des 5. Jh.) der Verfasser war, ist ungewiss. Das Sujet ist entweder der Brückenbau nach Ceylon oder ein Pontonbau in Śrīnagar. Zwischen 700 und 725 entstand der *Gauḍavaha* (< *Gauḍavadha*); Verfasser war Bappairāa (< Vākpatirāja). Das historiographische Werk stammt aus dem 8. Jh. Besungen werden darin die Taten des Königs Yaśovarman von Kanauj, besonders sein Feldzug zum Vindhya-Gebirge.

Aber auch lyrische Kunstdichtung ist in Māhārāṣṭrī vertreten. Berühmt geworden ist die Sammlung *Sattasaī* (< *Saptaśatī*). Sie entstand im 1. oder 2. Jh. im Andhra-Land, also im nordöstlichen Dekhan, und wird gewöhnlich dem König Hāla zugeschrieben, der die Verse aber wahrscheinlich nicht selbst verfasst hat, sondern ihr Kompilator war.

Die Studierenden müssen sich in diese Werke nicht vertiefen. Sie sollen aber einen Eindruck davon gewinnen, für wie viele literarische Genres die Māhārāṣṭrī das sprachliche Vehikel war, weshalb es für den ernsthaften Indologen unerlässlich ist, sich in diese Prākr̥t-Sprache einzuarbeiten. Die sich dabei ergebenden Schwierigkeiten sind zwar erheblich, doch haben die Studierenden besonders durch ihr Bemühen um die Ardhamāgadhī und die Śaurasenī sich so weit mit den Eigenheiten der Prākr̥t-Phonologie (und um diese geht es hauptsächlich) vertraut gemacht, dass sie auch die Māhārāṣṭrī meistern werden, zumal grundsätzlich Neues hier nicht erwartet bzw. befürchtet werden muss.

2. Lautlehre

Die Māhārāṣṭrī hat von allen Prākr̥t-Sprachen gegenüber dem Sanskrit die stärksten phonologischen Veränderungen. Der Schwund im Lautbestand ist jedoch im Wesentlichen schon bekannt.

Aus dem Lautbestand des Sanskrit fallen weg: *r̥*, *r̥̄*, *l̥*, ai, *au*, *y* (das in der Jaina-Māhārāṣṭrī erhalten bleibt), *ś*, *ṣ* und der Visarga. *r̥* wird zu *a*, *i* oder (besonders nach Labialen) zu *u*. Anlautendes *y* wird *j*. Insgesamt bietet die Phonologie der Māhārāṣṭrī nicht viel Neues. Nur die Konsonantenelisionen sind noch radikaler: Alle intervokalischen, nicht aspirierten Konsonanten, nämlich *k*, *g*, *c*, *j*, *t* und *d*, fallen aus; ferner auch *y*. Dadurch entsteht ein relativer Vokalreichtum, der dieser Prākr̥t-Sprache einen anmutigen Wohlklang verleiht, wie er polynesischen

Sprachen zu eigen ist. Im Sanskrit-Bereich findet man eine gewisse Ähnlichkeit mit dem *Gītāgovinda* des Jayadeva.

Vers 2 aus der schon erwähnten *Sattasaī* des Hāla mag den Studierenden als Beispiel dienen und sollte von einer Studentin rezitiert werden.

आमिअं पाउअ-कव्वं

पढिउं सोउं अ जे ण आणन्ति,

कामस्स तत्त-तन्तिं

कुणन्ति, ते कह ण लज्जन्ति?

Die Rezitation verfolgt nur den Zweck, den Studierenden den Wohlklang der Māhārāṣṭrī zu vermitteln und ihr Interesse an dieser Prākr̥t-Sprache zu intensivieren. Auf eine Übersetzung kann hier verzichtet werden, zumal die Studierenden zu einem späteren Zeitpunkt mit einem größeren Übungstext konfrontiert werden.

Da jedoch aus den Reihen der Studierenden vielleicht doch der Wunsch nach einer Übersetzung laut werden könnte, sollte sich der Lehrende darauf vorbereiten. Außerdem kann eine kleine Vorübung für die Studierenden nur nützlich sein. Sie erwerben damit eine ständig größer werdende Sicherheit beim Auffinden der jeweiligen *chāyā*.

Die ersten beiden Zeilen bieten keine Schwierigkeiten; in der dritten sind sie dann umso größer:

1. *amiaṁ pāua-kavvaṁ* < *amr̥tam prākr̥takāvyam*
„die unsterbliche Prākr̥t-Poesie“.

2. *paḍhiuṁ souṁ a je na āṇanti* < *pathituṁ śrotuṁ ca ye na jānanti*
„welche (sie) nicht lesen und nicht hören und nicht kennen“.

3. *kāmassa tatta-tantiṁ*
tatta-tantiṁ ist schwer deutbar. Zu *tatta* passt *tattva*, doch *tanti* als „Leine“ passt überhaupt nicht. Ein Zusammenhang mit *tapti* „Glut“ ist phonologisch unwahrscheinlich. Der Kommentator Gaṅgadhara Bhaṭṭa deutet *tanti* als *cintā*. Das könnte gut passen, ist aber willkürlich. Also sollte man sich zunächst mit der letzten Zeile befassen.

4. *kuṇanti, te kaha ṇa lajjanti*
kuṇai geht zurück auf vedisch *kr̥ṇoti*.

kaha / *kahaṁ* < *katham*.
lajj ist ein Tatsama.
Der Sinn der Zeile 3 und 4 wird damit klar: „(und) sich (nur) Gedanken um das Wesen der Liebeskunst machen (und sich daher nicht der Prākr̥t-Poesie widmen), wie sollten diese sich nicht schämen?“

Nach diesem Exkurs in die *Sattasaī* müssen die Studierenden noch einige phonologische Regeln kennenlernen.
Alle intervokalischen, stimmlosen, aspirierten Konsonanten werden auf die Aspiration reduziert: *kahaṁ* < *katham*, *pāhuḍa* < *prābhr̥ta* < *prākr̥ta*.
Intervokalisches *-s-* wird oft zu *-h-*: *aṇudiahaṁ* < *anudivasam*.
p und *b* werden oft zu *v*.
n wird zu *ṇ*.
kṣ wird zu *cch*: *ucchu* < *ikṣu*.
Im Auslaut – das ist bereits bekannt – dürfen nur Vokale oder Anusvāra stehen.

Um die Studierenden mit den phonologischen Umwandlungen noch enger vertraut zu machen und sie im Auffinden der *chāyā* zu üben, folgen hier noch einige weitere Beispiele:

gahia / gahiya < gr̥hīta;
ṇiva < nr̥pa;
pucchai < pr̥cchati;
riṇa < r̥ṇa;
rikkha < r̥kṣa;
rukkha < vr̥kṣa
jatta < yatna;
jutta < yukta;
ṇiutta < niyukta;
uaa < udaka;
ei < eti;
hia < hita;
laā < latā;
ṭhia < sthita;
saa < śata;
aha < atha;
maṇoraha < manoratha;
ṇāha < nātha;
āao < āgataḥ;
lahu < laghu;
pautta < prayukta;
lavai < lapati;
paccā < paścāt;
jāva < yāvat;
kaa < kr̥ta
jāa < jāta
jia < jita;
ṇāa < jñāta;
ṇīa < nīta;
sua < śruta;
haa < hata;
hūa < bhūta;
puṇa < punar.

3. Deklination

Nachdem die Studierenden durch die Lautlehre vor große Schwierigkeiten gestellt worden waren, wird ihnen die weitgehend schon bekannte Flexionslehre umso leichter fallen. Auf einige Besonderheiten bei der Deklination sollten sie zuvor kurz aufmerksam gemacht werden. Es tritt nun wieder der Dat. in Erscheinung, allerdings nur auf die Frage: „wozu?“ Ansonsten ist er auch in der Māhārāṣṭrī im Gen. aufgegangen.

Der Lok. Singular der Masculina auf *-a*, *-i* und *-u* endet auf *-mmi*, das aus *-smin* hervorgegangen ist. Im Nom. Plural der Neutra ist die Endung *-āiṁ* schon aus der Ardhamāgadhī bekannt. Auch in der Māhārāṣṭrī bestätigt sich die Tendenz, dass Nom. und Akk. im Plural zusammenfallen.

Die im Sanskrit recht schwierige Deklination der Feminina auf *-ā* ist in der Māhārāṣṭrī recht einfach: Im Singular fallen Instr., Gen. und Lok. zusammen. Die Deklination der femininen Nomina auf *-ā*, *-ī* und *-ū* verläuft, wie die Tabellen zeigen, gänzlich parallel.

Eine konsonantische Deklination wie im Sanskrit gibt es auch in der Māhārāṣṭrī nicht mehr. Entweder wird der Endkonsonant elidiert, oder es wird *-a* bei Masculina und *-ā* bei Feminina suffigiert.

Bei den Pronomina personalia entspricht der Nom. der 1. Person Plural nicht dem sanskritischen *vayam*, sondern dem vedischen *asme*. Alle Kasus und Numeri sind den Tabellen mühelos zu entnehmen.

3.1. Nomina

Masculina auf *-a* (*putta* „Sohn”)

Singular		Plural	
Nom.	putto	Nom.	puttā
Akk.	puttaṁ	Akk.	puttā, putte
Instr.	putteṇa	Instr.	puttehi(ṁ)
Dat.	puttāa, puttāe	Dat.	
Abl.	puttāo, puttā	Abl.	puttehiṁto
Gen.	puttassa	Gen.	puttāṇa(ṁ)
Lok.	putte, puttammi	Lok.	puttesu(ṁ)
Vok.	putta	Vok.	

Neutra auf *-a* (*phala* „Frucht”)

Singular		Plural	
Nom.	phalaṁ	Nom.	phalāiṁ, phalāni
Akk.	phalaṁ	Akk.	phalāiṁ, phalāni

Masculina auf -*i* (*aggi* „Feuer")

Singular		Plural	
Nom.	aggī	Nom.	aggī, aggiṇo
Akk.	aggiṁ	Akk.	aggiṇo
Instr.	aggiṇā	Instr.	aggīhi
Abl.	aggīo, aggiṇo	Abl.	
Gen.	aggissa, aggiṇo	Gen.	aggīṇa(ṁ)
Lok.	aggimmi	Lok.	aggīsu(ṁ)
Vok.	aggi	Vok.	aggī

Neutra auf -*i* (*dahi* „Sauermilch")

Singular		Plural	
Nom.	dahiṁ	Nom.	dahīiṁ
Akk.	dahiṁ	Akk.	dahīiṁ

Masculina auf -u (*vāu* „Wind")

Singular		Plural	
Nom.	vāū	Nom.	vāū
Akk.	vāuṁ	Akk.	vāuṇo
Instr.	vāuṇā	Instr.	vāūhi(ṁ)
Gen.	vāussa	Gen.	vāūṇa(ṁ)
Lok.	vāummi	Lok.	vāūsu(ṁ)

Feminina auf -*ā* (*mālā* „Kranz")

Singular		Plural	
Nom.	mālā	Nom.	mālāo, mālā
Akk.	mālaṁ	Akk.	mālāo
Instr.	mālāe	Instr.	mālāhi(ṁ)
Abl.	mālāo	Abl.	mālāhiṁto
Gen.	mālāe	Gen.	mālāṇaṁ
Lok.	mālāe	Lok.	mālāsu(ṁ)
Vok.	māle	Vok.	

Feminina auf -*ī* (*devī* „Göttin“)

Singular		Plural	
Nom.	devī	Nom.	devīo
Akk.	deviṁ	Akk.	devīo
Instr.	devīe	Instr.	devīhi(ṁ)
Abl.	devīo	Abl.	devīhiṁto
Gen.	devīe	Gen.	devīṇa(ṁ)
Lok.	devīe	Lok.	devīsu(ṁ)
Vok.	devi	Vok.	

Nomina agentis (a) (*bhattā* < *bhartr̥* „Gatte“)

Singular		Plural	
Nom.	bhaṭṭā	Nom.	bhaṭṭāro
Akk.	bhaṭṭāraṁ	Akk.	
Instr.	bhaṭṭuṇā	Instr.	
Gen.	bhaṭṭuṇo	Gen.	

Nomina agentis (b) (*māā* < *mātr̥* „Mutter“)

Singular	
Nom.	māā
Akk.	māaraṁ
Instr.	māāe

Reste der konsonantischen Deklination (*rāa* < *rājan* „König”)

Singular		Plural	
Nom.	rāā	Nom.	rāāṇo
Akk.	rāāṇaṁ	Akk.	rāāṇo
Instr.	raṇṇā, rāiṇā	Instr.	rāīhiṁ
Gen.	raṇṇo, rāiṇo	Gen.	rāīṇaṁ
Lok.	rāe	Lok.	
Vok.	rāaṁ	Vok.	

Sanskrit ātman wird zu appa: Nom. Singular appā.

3.2. Pronomina

Pronomina personalia

1. Person Singular		1. Person Plural	
Nom.	ahaṁ	Nom.	amhe
Akk.	mamaṁ, maṁ	Akk.	amhe, no
Instr.	mae, me, mayā	Instr.	amhehiṁ
Abl.	mamāo	Abl.	amhehiṁto
Gen.	mama, me, majjhaṁ	Gen.	amhāṇaṁ
Lok.	mai, mamammi	Lok.	amhesu

3. Person Singular

	masc.	fem.	nt.
Nom.	so	sā	taṁ
Akk.	taṁ	taṁ	taṁ
Instr.	teṇa(ṁ)	tāe, tīe	teṇa
Gen.	tassa	tāe, tīe	tassa
Lok.	tassiṁ, tammi	tāe, tīe	tassiṁ, tammi

3. Person Plural

	masc.	fem.	nt.
Nom.	te	tāo, tā	tāiṁ
Akk.	te	tāo, tā	tāiṁ
Instr.	tehi(ṁ)	tāhi(ṁ)	tehi(ṁ)
Gen.	tesiṁ	tāsiṁ, tāṇaṁ	tesi(ṁ), tāṇaṁ
Lok.	tesu	tāsu	tesu

Ähnlich dekliniert werden die
(a) Pronomina demonstrativa:
masc. eso, fem. esā, nt. eaṁ (< *etad*);
(b) Pronomina relativa:
masc. jo, fem. jā, nt. jaṁ (< *yad*);
(c) Pronomina interrogativa:
masc. ko, fem. kā, nt. kiṁ (< *kaḥ* etc.);
(d) Pronomina indefinita:
masc. kovi, fem. kāvi, nt. kiṁpi; masc. koi, fem. kāi, nt. kiṁci.

3.3. Postpositionen

(a) mit Akk.:
antareṇa, viṇā, pai „nach"; mottuṁ „außer"; gahāya (< adāya) „mit";
(b) mit Instr.:
saddhiṁ, saha „mit"; auch viṇā;
(c) mit Abl.:
ārabbha „seit";
(d) mit Gen.:
purao „vor", uvari „über"; parao „jenseits"; aṭṭhā, aṭṭhāe, kajje, kajjeṇa „wegen"; pachao „hinter"; heṭṭhā „unter"; bāhiṁ „außerhalb"; antie, pāse „bei, zu"; paccakkhaṁ „in Gegenwart von".

3.4. Adverbien

(a) Lokaladverbien:
ettha, iha „hier"; tattha „dort"; jattha „wo" (rel.) „wo"; kiha? „wohin?"; kattha?, kahiṁ? „wo?"; etto „von hier"; tao, tatto „von dort"; katto? „von wo?"

(b) Tamporaladverbien:
ettāhe, iyāṇiṁ „jetzt"; tā, tao, to „dann, danach"; jayā, jāho „wann" (rel.); kāya? „wann?"; jāva – tāva „während – da".

3.5. Wortstellung

Bei aktivischer Konstruktion: Subjekt – Objekt – Prädikat;
bei passivischer Konstruktion: Instrumental – Prädikat – Subjekt oder Instrumental – Subjekt – Prädikat.
Bei lebhafter Erzählung steht das Verbum oft am Satzanfang.
Der Gen. steht stets *vor* dem regierenden Wort.

4. Konjugation

Die Konjugation weist gegenüber dem Sanskrit noch wesentlich stärkere Veränderungen auf als die Deklination.
1. Es gibt keine Wurzeln mehr, sondern Verbalstämme. Diese bestehen aus der 3. Pers. Präs. Singular, wobei das Endungs-*i* abgeworfen wird.
2. Es gibt keine Präsensklassen mehr, sondern nur noch
(a) die *a*-Klasse, zu der die meisten Verben gehören;
(b) die *e*-Klasse mit den Kausativen und einigen Verben wie *suṇemi* und *karemi*;
(c) ob die Verben auf *-ā* und *-o* eine eigene Klasse bilden, ist fraglich.

3. Es gibt keinen Dual mehr.
4. Das Medium kommt nur in Resten vor, jedoch immerhin häufiger als in der Śaurasenī.
5. Perfekt, Imperfekt und Aoriste sind verschwunden; die Vergangenheit wird nur noch mit einem Partizip mit oder ohne Hilfsverb ausgedrückt.

Somit bleiben nur folgende Kategorien: Aktiv und Passiv; Präsens Indikativ; Imperativ, Optativ; Futurum; Partizipien; Infinitiv; Absolutiv (Gerundium) und Gerundivum.

Auf einige Besonderheiten sollten die Studierenden hingewiesen werden. Die Konjugation der *a*-Klasse im Präsens Indikativ und Imperativ erinnert sehr an die Ardhamāgadhī.

Im Optativ ist das Kennzeichen ebenfalls *-ejja*. Im Futurum gibt es neben den üblichen; aus sanskritischem *-sya* hervorgegangenen Formen einige fremd anmutende Nebenformen, wie (in der 3. Pers.) *pucchihii*, *pucchihinti*.

Das Kennzeichen des Passivs ist *-ijja-*. Im Kausativ wird durch Saṁprasāraṇa -*aya-* zu *-e-* und *-paya-* zu *-ve-*. Das schon aus der Ardhamāgadhī bekannte Absolutiv-Suffix ist *-ūṇa*. Alle übrigen Formen bedürfen keiner Erläuterung und sind in der Tabelle aufgelistet.

a-Klasse

Präsens Indikativ Aktiv		Präsens Indikativ Medium	
Singular	Plural	Singular	Plural
1. P. pucchāmi	pucchāmo	jāṇe	
2. P. pucchasi	pucchaha	jāṇase	
3. P. pucchai	pucchanti	jāṇe	jāṇante

Imperativ

Singular	Plural
1. P. pucchāmu, pucchāmi	pucchāmo, pucchamha
2. P. puccha, pucchasu	pucchaha
3. P. pucchau	pucchantu

Optativ

Singular	Plural
1. P. vaṭṭejjā, vaṭṭejjāmi	vaṭṭejjāmo
2. P. vaṭṭejjāsi	vaṭṭejjaha
3. P. vaṭṭejjā, vaṭṭejja	vaṭṭejjā, vaṭṭejja

Futurum

Singular	Plural
1. P. pucchissaṁ, pucchissāmi	pucchissāmo, pucchihāmo
2. P. pucchissasi, pucchihisi	pucchissaha
3. P. pucchissai, pucchihii	pucchissanti, pucchihinti

e-Klasse

Präsens Aktiv

Singular	Plural
1. P. kahemi	kahemo
2. P. kahesi	kaheha
3. P. kahei	kahenti

Imperativ

Singular	Plural
1. P. kahemi	kahemo, kahemha
2. P. kahehi	kaheha
3. P. kaheu	kahentu

Optativ

Singular	Plural
1. P. kahejjā, kahejjāmi	kahejjāmo
2. P. kahejjāsi, kahejjāsu	kahejjaha
3. P. kahejjā, kahejja	kahejjā, kahejja

Futurum

Singular	Plural
1. P. kahissāmi, kahehāmi	kahehāmo
2. P. kahehisi	
3. P. kahehii	kahehinti

Passiv

Singular	Plural
1. P. pucchijjāmi	pucchijjāmo
2. P. pucchijjasi	pucchijjaha
3. P. pucchijjai	pucchijjanti

Die Verbalform *āsi* (< *āsīt*) „war“ gilt für alle Personen im Singular und Plural.

Kausativ:
-aya- wird *-e-*: kārayati > kārei; hāsayati > hāsei.
-paya- wird *-ve-*: pucchāvemi.

Absolutiv:
-ūṇa: pucchiūṇa.

Infinitiv:
-uṁ: pucchiuṁ; kartum > kāuṁ; draṣṭum > daṭṭhuṁ.

Partizipien:
(a) Präs. Akt.: masc. pucchanto, fem. pucchantī, nt. pucchantaṁ
(b) Präs. Med.: masc. pucchamāṇo, fem. pucchamāṇā, nt. pucchamāṇaṁ
(c) Präs. Passiv: masc. pucchijjanta

Partizip Präteritum Passiv (PPP):
masc. *-a*, fem. *-ā*:
pr̥ṣṭha < pucchia; gata < gaa; gr̥hīta < gahia, kr̥ta < kaa, kaya; jāta < jāa; jita < jia; sthita < ṭhia; jñāta < ṇāa; nīta < ṇīa, ṇia; ānīta < āṇia; śruta < sua; hata < haa; bhūta < hūa.

Gerundivum (= Part. Fut.):
-iavva, *-aṇijja*: pucchiavva, pucchaṇijja; karaṇijja (zu kr̥); kāryaḥ > kajja.

Es ist jetzt an der Zeit, den Studierenden ein Lob auszusprechen. Sie haben zusammen mit ihrer Lehrperson 1500 Jahre Sprachgeschichte durchmessen und sind von einfachsten Texten wie dem *Saraṇagamana* Schritt für Schritt emporgestiegen, wobei sie sich auch das geistige und literarische Umfeld der Prākr̥t-Sprachen erschlossen haben. Nun wollen sie sich auch die Krone, einen Text aus der schwierigsten Sprache dieser Gattung, der Māhārāṣṭri, zu eigen machen. Das wird ihnen noch einmal viel Arbeit abverlangen, doch können sich die Studierenden nunmehr sagen, dass sie damit einen Zugang zu allen mittelindischen Sprachen erlangt und dass sich ferner während ihrer Studien sozusagen zwangsläufig ihre Kenntnisse in Sanskrit weiter gefestigt haben. Als Indologen haben sie sich damit bestens bewährt, und ihre Ausdauer hat sich wahrhaftig gelohnt.

5. Text

Maṇḍia

Veṇṇāyade ṇayare Maṇḍio nāma tuṇṇāo paradavvaharaṇapasatto āsī. so ya duṭṭhagaṇḍo mi tti jaṇe pagāsento jāṇudeseṇa ṇiccaṁ eva addāvaleva litteṇa baddhavaṇapaṭṭo rāyamagge tuṇṇāgasippaṁ uvajīvai. cakkamanto vi ya daṇḍadharieṇaṁ pāeṇaṁ kilimmanto kahaṁci cakkamati.

rattiṁ ca khattaṁ khaṇiūṇa davvajāyaṁ ghettūṇa – ṇaarasaṇṇihie ujjāṇ'egadese bhūmigharaṁ – tattha nikkhivai. tattha ya se bhagiṇī kaṇṇagā ciṭṭhai. tassa bhūmigharassa majjhe kūvo. jaṁ ca so coro davveṇa palobheuṁ sahāyaṁ davvavoḍhāraṁ āṇei, tam sā se bhagiṇī agaḍasamīve puvvaṇatth'āsaṇe ṇivesiuṁ pāyasoyalakkheṇa pāe geṇhiūṇa tammi kūvae pakkhivai. tao so vivajjai.

evaṁ kālo vaccati ṇayaraṁ musantassa. coraggāhā taṁ na sakkenti geṇhiuṁ tao ṇaare bahuravo jāo. tattha ya Mūladevo rāā puvvabhaṇiyavihāṇeṇa jāo. kahio ya tassa paurehiṁ takkaravaiyaro, jahā: ettha ṇaare pabhūyakālo musantassa vaṭṭai kassai takkarassa, na ya tīrai keṇai geṇhiuṁ. tā kareu kiṁpi uvāyaṁ. tāhe so annaṁ ṇaar'ārakkhiyaṁ ṭhavei, so vi ṇa sakkai coraṁ geṇhiuṁ.

tāhe Mūladevo sayaṁ nīlapaḍaṁ pāuṇiūṇa rattiṁ ṇiggato. Mūladevo aṇajjanto egāe sabhāe ṇivaṇṇo acchai jāva, so Maṇḍiacoro āgantuṁ bhaṇai: ko ettha acchai? Mūladeveṇa bhaṇiyaṁ: ahaṁ kappaḍio. teṇa bhaṇṇati: ehi, maṇūsaṁ karemi. Mūladevo uṭṭhio.

kaisuvi diṇesu gaesu rāiṇā Maṇḍio bhaṇio: davveṇa kajjaṁ ti. teṇa suvahuṁ davvajāyaṁ diṇṇaṁ. rāiṇā saṁpūjio. aṇṇayā puṇo maggio; puṇo vi diṇṇaṁ. tassa ya corassa atīva sakkārasammāṇaṁ pauñjai. eeṇa pagāreṇa savvaṁ davvaṁ davāvio. bhagiṇiṁ se pucchai; tīe bhaṇṇati: ettiyaṁ ceva vittaṁ. tao puvvāveiyalekkhāṇusāreṇa savvaṁ davvaṁ davāveūṇa Maṇḍio sūlāe ārovio.

Dieser schwierige Text muss durchgehend erklärt werden.

Veṇṇāyada war eine altindische Stadt, die im Westen, nämlich im Sprachgebiet der Māhārāṣṭrī lag. Das dürfte im heutigen Mahārāṣṭra gewesen sein.

ṇayare < *nagare* ist klarer Lokativ.

Bei *tuṇṇāo* taucht schon die erste Schwierigkeit auf. Die *chāyā* könnte *tūrṇaga* aus der Wurzel *tvar* sein. Man übersetzt zuweilen mit „Bettler", doch hat der Begriff mit einem *bhikkhu*, einem frommen Bettelasketen, nicht das Mindeste zu tun. Vielmehr handelt es sich um einen aggressiven Gauner, einen Typ, wie er sich auch in der Gegenwart findet. Von ihm wird hier gesagt: *āsi* < *āsīt* (sanskritisches Imperfekt) „er war".

pasatto < *prasakta* aus der Wurzel *saj*, also „beschäftigt mit", nämlich mit *paradavvaharaṇa* < *paradravyaharaṇa* (Tatpuruṣa) „der Beraubung bzw.

Wegnahme der Habe (eventuell hier schon „des Geldes") anderer" (zu ergänzen ist: Leute).

duṭṭhagaṇḍo < *duṣṭagaṇḍa* ist hier ein Bahuvrīhi.

mi steht für *asmi* und *tti* < *iti* beendet die direkte Rede: „ich habe eine üble Beule" (sagt er).

pagāsento ist Part. Präs. von pagāsei < prakāśayati, also „indem er zeigt".

jāṇudesa ist die „Kniegegend".

ṇiccaṁ < *nityam* ist Adverb „stets".

addāvaleva < *ārdralepa* „feuchte Salbe".

litteṇa < *liptena* „bestrichen".

vaṇa < *vraṇa* „Wunde".

baddhavaṇapaṭṭo „bandagiert mit einer Wundbinde".

rāyamagge < *rājamārge* ist Lok.: „auf der Hauptstraße".

tuṇṇāgasippaṁ < *tūrṇagaśilpam* ist ein Adverb: „nach Bettlerart".

uvajīvai < *upajīvati*.

Wie es auch in der Neuzeit geschieht, so spielte dieser Maṇḍia den Invaliden, den durch ein eiterndes Knie gelähmten Bettler.

cakkamanto ist ein aus dem sanskritischen Intensiv von *kram* abgeleitetes Partizip „umherwandernd", hier wohl besser zu übersetzen mit „herumlungernd".

daṇḍadharieṇaṁ pāeṇaṁ ist Instr.: „durch den von einer Krücke getragenen Fuß" ist er (scheinbar) *kilimmanto* (zu Skt. *klam*), Part. Präs., hier einfach: „müde".

So spielt er am Tage den harmlosen Invaliden, aber *rattiṁ* „nachts" wird er aktiv. *khaniūṇa* ist Absolutiv: „nachdem er gegraben hat", nämlich

khattaṁ < *khātram* „eine Bresche".

ghettūṇa < *gṛhītvā* ist Absolutiv von *geṇhai* „nachdem er genommen hat".

davvajāyaṁ < *dravyajātam* „eine Menge Geld". Nun erhebt sich für ihn die Frage, wo er das Geld verstecken soll. Dazu hat er schon Vorsorge getroffen.

ṇaarasaṇṇihie < *nagarasaṁnidhau* „in der Nähe der Stadt" (gibt es)

ujjāṇ'egadese < *udyānaikadeśe* „an einer Stelle in einem Park"

bhūmighara „ein unterirdisches Gemach, einen Keller".

tattha ṇikkhivai < *tatra nikṣipati* „dort deponiert er" (seinen Raub).

bhagiṇī ist ein Tadbhava: „Schwester".

kaṇṇagā < *kanyakā* „jungfräulich, unverheiratet".

ciṭṭhai < *tiṣṭhati* „hält sich auf, wohnt".

tassa bhūmigharassa ist natürlich Gen., der in der Māhārāṣṭrī gewöhnlich vorangestellt wird.

majjhe < *madhye*.

kūvo < *kūpa*. Inmitten des unterirdischen Gemachs (befand sich) ein Brunnen.

Der folgende Satz wird immer schwieriger; es sollte mit der Worterklärung begonnen werden.

palobheuṁ ist ein Infinitiv, der hier aber die Funktion eines Absolutivs ausübt.

palobhei ist Kausativ (zu *pra-lubh*) „anlocken".

sahāya ist ein Tatsama: „Gefährte".

vodhāra < *vodhr̥* ist ein „Träger", hier von *davva*.

coro < *cora*: der „Dieb" Maṇḍia raubt mitunter also so viel, dass er allein die Beute nicht tragen kann. Er nimmt sich also einen Gehilfen, den er mit der Aussicht auf Geld verlockt. Nun wird es noch schwieriger und gleichzeitig verbrecherischer.

samīve < *samīpe*.

agaḍa ist ein Deśī-Wort: „in Brunnennähe, am Brunnen.

puvvaṇatth'āsaṇe < *pūrvanyastāsane* muss etwas frei übersetzt werden: „auf einem zuvor vorbereiteten Sitz".

ṇivesiuṁ ist Absolutiv des Kausativums (zu *ni-viś*).

pāyasoyalakkheṇa < *pādaśaucalakṣyena* ist Instr.: „unter dem Vorwand einer Fußwaschung".

geṇhiūṇa < *gr̥hītvā* ist Absolutiv.

tammi kūvae ist Lok.

pakkhivai < *prakṣipati*.

Die Schwester ist also eine noch größere Verbrecherin als ihr Bruder. Der die gestohlenen Wertsachen mit in den Keller trägt, wird natürlich zum Mitwisser und muss beseitigt werden. Das besorgt die Schwester, indem sie den Komplizen an den Brunnenrand lockt und ihn unter dem Vorwand einer Fußwaschung in den Brunnen stößt.

tao < *tataḥ*.

vivajjai < *vipadyate*.

Dadurch geht er (durch Ertrinken) zugrunde.

vaccati ist wohl auf *vraj* zurückzuführen und mit „vergeht" zu übersetzen.

musantassa ist Gen. bzw. Dat. des Part. Präs. und geht auf *mus* zurück, also „für den die Stadt Beraubenden".

Nun wird die Obrigkeit mobil, aber *coraggāhā*, die „Diebfänger", *sakkenti* (zu *śak*) „können" ihn nicht *geṇhiuṁ* (Infinitiv) „ergreifen".

Hier wäre eine Pause angebracht.

bahurava ist wie im Sanskrit „großer Aufruhr". Die Menschen fühlen sich verunsichert.

jāo < *jātaḥ*.

rāā < *rājā*.

puvvabhaṇiyavihāṇeṇa < *pūrvabhaṇitavidhānena* „auf die früher erzählte Art und Weise“. Mūladeva war König geworden.

kahio ist Absolutiv von *kahei* < *kathayati*.

paurehiṁ ist Instr. Plural.

takkaravaiyaro < *taskaravyatikara* „der Vorfall mit dem Dieb“.

jahā < *yathā* „nämlich“.

ettha < *atra*.

pabhūyakālo < *prabhūtakāla* „lange Zeit“.

kassai < *kasya cid* „irgendein”.

vaṭṭai < *vartate*.

Die Stadtbewohner beschweren sich beim König, dass seit langem ein Dieb in der Stadt sein Unwesen treibt.

tīrai geht auf *tr̥* zurück und ist Passiv; wörtlich: „es wird nicht von irgend jemandem vermocht, (ihn) zu ergreifen“.

tā < *tasmāt* „daher“.

Er (König Mūladeva) soll *uvāya* (< *upāya*) „Abhilfe“ *kareu* (< *karotu*) (Imperativ) schaffen.

Daraufhin setzte (im Text steht erzählendes Präsens: *ṭhaveti* < *sthāpayati*) er (der König), einen anderen *ṇaar'ārakkhiyaṁ* < *nagararakṣiṇam* „einen anderen Stadtwächter“ ein.

Auch dieser *ṇa sakkai coraṁ geṇhiuṁ* „konnte (wieder erzählendes Präsens) den Dieb nicht ergreifen“.

Nun wird es wieder schwieriger, so dass die einzelnen Vokabeln analysiert werden müssen.

sayaṁ < *svayam*.

nīlapaḍa < *nīlapaṭa* ist ein „schwarzer Umhang“.

pāuṇiūṇa ist ein Absolutiv, das aber als Prädikat aufgelöst werden muss. Die *chāyā* ist *prā-vr̥* „anziehen“.

ṇiggato < nirgataḥ.

aṇajjanto ist eine schwierige Form; es handelt sich um ein Part. Präs. Pass. von *ṇajjai* (zugrunde liegt Skt. *jñā*) und kann in diesem Kontext am besten mit „inkognito“ übersetzt werden.

sabhā ist ein Tatsama und bedeutet hier „Saal“.

ṇivaṇṇo < *nipanna* ist ein PPP: „er hat sich hingelegt“.

acchai ist abgeleitet von *ās* (Medium): „bleibt, verweilt“.

āgantuṁ ist formal ein Infinitiv, hat hier aber Absolutivbedeutung.

ko < *kaḥ*.

ettha < *atra*.

Es folgt eine typische Passivkonstruktion: „von Mūladeva wurde gesagt“.

kappaḍio < *kārpaṭikaḥ* hat mehrere Bedeutungen; hier ist eher „Pilger“ als „Bettler“ angemessen.
bhaṇṇati ist Passiv.
Maṇḍia sagt: *maṇūsaṁ karemi* „ich mache einen Menschen“ (zu ergänzen ist: aus dir).
uṭṭhio < *utthitaḥ*. Mūladeva „erhob sich“.

An dieser Stelle kann man eine Pause einlegen und einige Sätze überspringen, die linguistisch nicht besonders relevant sind. Was bis zur Wiederaufnahme der Übersetzung geschieht, sollte den Studierenden in Kurzfassung vermittelt werden: Der Verbrecher Maṇḍia nimmt Mūladeva unter dem Vorwand, „aus ihm einen Menschen zu machen“, mit, um ihn auf die übliche Weise durch seine Schwester umbringen zu lassen. Doch da geschieht etwas, das auch der gerissene Gauner nicht vorhersehen konnte: Die Liebe kommt ins Spiel. Die mörderische Schwester verliebt sich in den König, warnt ihn, rät ihm zur Flucht und lässt ihn entkommen. Aus Dankbarkeit heiratet Mūladeva sie später. Aber der König ist auf seine Weise auch verschlagen. Er will sich an dem Verbrecher rächen, ihn jedoch vorher für seine Zwecke ausnutzen. Er lädt den offensichtlich Nichtsahnenden auf sein Schloss ein.

kaisuvi < *katiṣvapi*; *kaisuvi diṇesu gaesu* ist Locativus absolutus: nachdem einige Tage vergangen waren“.
rāiṇā ist Abl. Maṇḍia wird vom König angesprochen.
davveṇa kajjaṁ „es geht um Geld.“
kajjaṁ < *kāryam*.
suvahu < *subahu* „ordentlich“ im Sinne von: „sehr viel“.
davvajāya < *dravyajāta*.
diṇṇa < *datta*.
saṁpūjio < *sampūjitaḥ* „er wurde geehrt“.
aṇṇayā < *anyadā* „ein andermal“.
maggio geht auf *mārg* zurück, hier etwa: „ersucht“.
atīva ist ein Tatsama: „höchst, sehr viel“, nämlich
sakkāra < *satkāra* „Freundlichkeit“.
pauñjai ist abzuleiten von *pra-yuj*, hier mit „erweisen“ zu übersetzen.
eeṇa < *etena*.
pagāreṇa geht auf *prakāra* zurück: „auf diese Weise“.
davāvio (zu *dā*) ist Part. Prät. des Kausativs; es sollte übersetzt werden: „er ließ geben“.
tīe ist Abl.: „von ihr (der Schwester)“ *bhaṇṇati* „wurde gesagt“.

ettiyaṁ < *iyat* „so viel eben"; zu ergänzen ist: „hatte der Bruder". Der König hat also durch seine scheinbare Liebenswürdigkeit die gesamte Diebesbeute des Maṇḍia an sich gebracht.

tao < *tataḥ* „daraufhin".

davāveūṇa ist ein Absolutiv des Kausativs: „nachdem er hatte geben lassen".

puvvāveiyalekkhāṇusāreṇa ist eine schwierige Verbindung, die in ihre Teile zerlegt werden muss:

aṇusāreṇa < *anusārena* „gemäß".

āveiya ist ein PPP von *āveei* (zu *ā-vid*, Kausativ *ā-veday*).

lekkha < *lekhya* ist hier die „Liste"; also „gemäß einer zuvor festgelegten Liste".

Der König hatte also von der Schwester des Maṇḍia Einzelheiten über dessen Diebesgut erfahren.

sūla < *śūla* ist ein „spitzer Pfahl", der zur Vollstreckung von Todesurteilen Verwendung fand.

ārovio < *āropitaḥ* ist ein PPP von *ārovei*, dem Kausativ von *āruhai*.

Die Verbindung kann hier nur mit „gepfählt" übersetzt werden. Der Verbrecher erlitt also seine gerechte Strafe, während die von seiner Schwester begangenen Morde freilich ungesühnt blieben, da sie den König gerettet hatte.

Zitierte Literatur

Andersen, Dines: *A Pali Reader*. 2 Vols. Kopenhagen 1901; reprints: Kyoto 1968 und New Delhi 1979.

Benfey, Theodor: *Handbuch der Sanskritsprache*. Leipzig 1852.

Bühler, Georg: *Leitfaden für den Elementarcursus des Sanskrit*. 3. Aufl., Darmstadt 1968.

Fahs, Achim: *Grammatik des Pāli*. Leipzig 1985; 2. Aufl. 1989.

Geiger, Wilhelm: *Pali, Literatur und Sprache*. Grundriss der Indo-Arischen Philologie und Altertumskunde I, 7. Straßburg 1916; Neudruck 1977.

Ghatage, A. M.: *Introduction to Ardha-Māgadhī*. 4th ed., Kolhapur 1951; reprint Pune 1993.

Hinüber, Oskar von: *Das ältere Mittelindisch im Überblick*. (Sitzungsberichte der Österreichischen Akademie der Wissenschaften, Phil.-Hist. Klasse, Band 467, = Veröffentlichungen zu den Sprachen und Kulturen Südasiens, Band 20.) 2. Aufl., Wien 2001.

Jacobi, Hermann: *Ausgewählte Erzählungen in Māhārāṣṭrī*. Leipzig 1886; Neudruck Darmstadt 1967.

Mayrhofer, Manfred: *Handbuch des Pāli. Mit Texten und Glossar*. 2 Bände, Heidelberg 1951.

Misra, Satya Swarup: *A Historical Grammar of Ardhamagadhi*. Varanasi 1982.

Mylius, Klaus: *Wörterbuch Pāli-Deutsch*. Wichtrach, Schweiz, 1997.

Mylius, Klaus: *Wörterbuch Ardhamāgadhī – Deutsch*. Wichtrach 2003.

Mylius, Klaus: *Geschichte der altindischen Literatur* (Beiträge zur Kenntnis südasiatischer Sprachen und Literaturen, Band 11.) Wiesbaden: Harrassowitz, 2. Aufl. 2003.

Mylius, Klaus: *Wörterbuch des kanonischen Jinismus*. (Beiträge zur Kenntnis südasiatischer Sprachen und Literaturen, Band 13.) Wiesbaden: Harrassowitz, 2005).

Mylius, Klaus: *Wörterbuch Deutsch-Pāli* (Beiträge zur Kenntnis südasiatischer Sprachen, und Literaturen, Band 18). Wiesbaden: Harrassowitz 2008.

Pischel, Richard: *Grammatik der Prakrit-Sprachen.* Strassburg 1900; Nachdruck Hildesheim / New York 1973.

Ratna Chandra: *An Illustrated Ardha-Māgadhī Dictionary with Sanskrit, Gujrat, Hindi and English Equivalents.* 5 Vols. Indore 1923-1932; reprint 1988.

Schmidt, Richard: *Elementarbuch der Śaurasenī mit Vergleichung der Māhārāṣṭrī und Māgadhī.* Hannover 1924; Neudruck Osnabrück 1971.

Sen, Sukumar: *Comparative Grammar of Middle Aryan.* 2nd ed., Poona 1960.

Woolner, A. C.: *Introduction to Prakrit.* 2nd ed., Calcutta 1928; 3rd rev. ed.. 1939; reprint Delhi 1996.